主婦の
私にもできた、
株でお金をふやす
8つのポイント

横山利香

株で着実に資産を10倍にふやした私の方法

ダイヤモンド社

プロローグ●あなたは株で儲けたいですか?

私が株式投資を始めたきっかけ

「元本が減る金融商品なんて絶対にイヤ!　預貯金に預けるのが安全で一番」と考えるほど、私は株式投資を始めるまで、安全第一主義の人間でした。ただ、ビジネス関係の出版社で働いていたこともあり、株に対する知識はありました。

　また、仕事柄、私の周りには株式投資をやっている個人投資家が多くいて、普段の生活の中で「株式投資で儲けた」という話を聞くことができる環境にありました。すでに株を始めている知人からは、「横山さんはどうして株をやらないの?　やってみたら儲けられるかもしれないよ」と誘われることもありました。おかげで、私は少しずつ株式投資に対して興味を持つようになっていきました。

　ただ、当時の私はまだ会社員として働いていましたので、仕事の忙しさを口実に、なかなか株を始める踏ん切りがつかずに毎日を過ごしていました。

世界の株式市場が暴落して株を始めることを決意

そんな時、ある大事件が起こりました。２００１年９月に米国で起きた同時多発テロです。私が夜のニュースを見ていた時、テレビの映像が突然変わりました。飛行機がビルに突っ込んでいたのです。不謹慎ですが、私はその光景に驚くと同時に、すぐさま「明日の株式市場はどうなるんだろう」と考え始めました。

翌日以降、世界の株式市場が暴落し、大混乱になりました。しかし、私は、そうした事態を見て、これを機会に株を始めようと思い立ちました。なぜなら、株価が安くなったからです。

私は、買った後に株価が下がって損をするのが嫌だと思い、株を始めることができませんでした。しかし、この出来事のおかげで、株式市場は暴落しました。私は、株価がこんなに下がったんだから、さらに大きく下がる可能性は少ないのではないか、そして、損をする可能性が小さくなったのではないかと考えたのです。

口座を開いたけど、何から始めたらいいのかわからない！

私は、ようやく重い腰を上げて、ネット証券で口座開設の手続きを始めました。

2001年9月　米国同時多発テロ発生
テロ発生
アメリカ
その影響を受け、世界の株式市場が下落
日経平均株価のチャート
2000年4月　20833円
下落基調
2003年4月　7603円
株が安くなった!
よし株をいよいよ始めてみようかな……
2000年後半以降から2003年夏頃まで、日本の株式市場は長期的に下落基調だった

でも、ネット証券に口座を開設して自分の口座を開いてみても、次に何をすればいいのかさっぱりわかりませんでした。これまで株について書いてある本を何冊か読んでいましたので、すぐに株を取引できるだろうと簡単に考えていました。しかし、いざ自分が株を始めてみると、口座を開設できた以外は何もできないのです。知っている銘柄を買おうと株価を見ても、いつが買い時なのかわかりません。そして、どの銘柄がこれから値上がりしそうなのかわからず、銘柄を選ぶことすらできないのです。

まずはテクニカル分析から始めてみた

何もできないことに困ってしまった私は、何から始めたらいいのか、すでに株を始めていた知人に尋ねてみました。すると、知人は、「テクニカル分析から始めるといいよ。特にトレンドラインが重要だから、まずはトレンドラインをひくことから始めたらいいよ。気になる銘柄があったら、とにかくトレンドラインをひいてみること」と教えくれたのです。

その日以降、時にはその知人にトレンドラインの添削をしてもらうなどして、私は気になる銘柄のトレンドラインをとにかくひきました。一般的には、株価チャートを分析することが難しそうに見えることもあり、テクニカル分析よりもファンダメンタルズ分析から始める人が多いそうですが、私はテクニカル分析から株式投資の一歩を踏み出したのです。

初めて株を買ってみた！　その結果は!?

トレンドラインをある程度ひけるようになると、私は次第に、株を実際に取引したいと思い始めるようになりました。「どうせ買うなら、自分が知っていて、いいと思える銘柄がいいだろう」と思い始めていたこともあり、私はソフトバンクを選びました。

ソフトバンクは当時、ＡＤＳＬを激安価格で提供していました。サービス内容や値段に魅力を感じ、私も利用者の一人でした。ただ単純に「自分が便利だと思うものを提供して

ソフトバンクのチャート

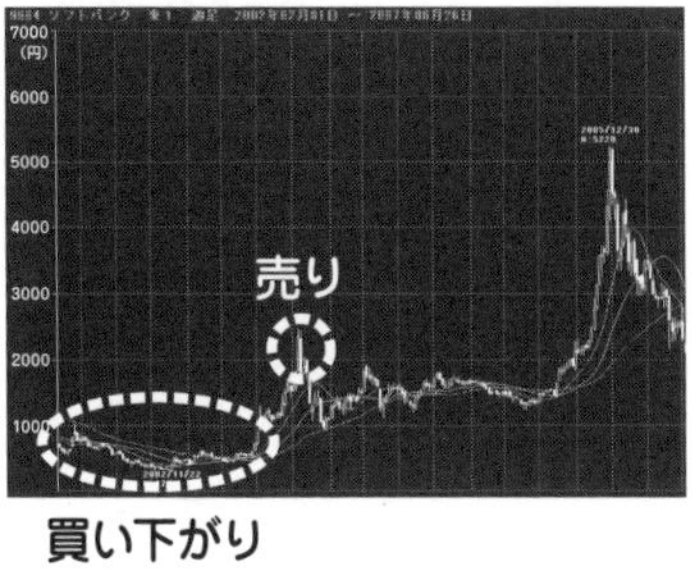
売り
買い下がり

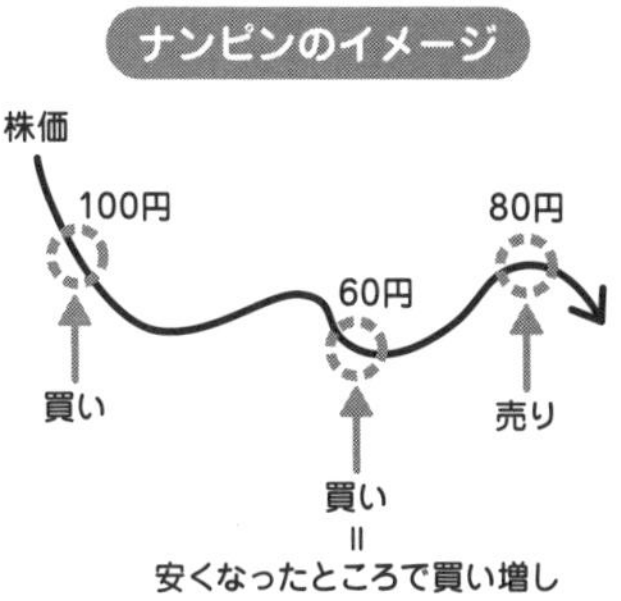
ナンピンのイメージ
株価
100円
80円
60円
買い
売り
買い
=
安くなったところで買い増し

本来は買い単価が100円だったが、60円でナンピン（買い増し）を行なうことで、80円になる。おかげで、株価が80円になったら売れる！　ただし、さらに株価が下がったら、ナンピンにならないこともあるので、タイミングには注意

ナンピンをして塩漬けにしてしまう。苦しい日々でした。

いる会社がいい」と判断したのです。

２００２年夏以降のことでした。

しかし、その当時のソフトバンクは、財務内容などから倒産するのではないかという憶測が流れていたこともあり、２００２年夏頃のソフトバンクの株価は２０００円以下（１００株単位）、つまり20万円以下で買える金額でした。

初めてのナンピンで投資資金を使い果たす

２００２年夏以降、日経平均株価は１万円を下回り、９０００円、８０００円という軟調な展開が続いていました。私は当時、ソフトバンクを１３００円台から買っていました。そして、株価が下がればさらにソフトバンクを買い増していました。いわゆるナンピ

ンです。

当時の私は、ナンピンを繰り返せば保有株の買い単価を引き下げることができるから、ナンピンを行うことはいいことだと思っていました。そのため、ナンピンを繰り返し、投資資金の1000万円を使い果たしてしまったのです。さらに、私は、「ソフトバンクの株価が1000円を割れることはないだろう」と根拠もなく思い込んでいたのです。この考えはあさはかでした。

その冬、ソフトバンクの株価はあっさりと1000円を割り込んでしまいました。私はこのような展開になることをまったく想像していなかったため、ナンピンを繰り返したのです。ナンピンを繰り返した分だけ株数が増えたおかげで、私が想像した以上の含み損の金額になってしまいました。私は含み損の金額を見るたびに吐き気がする思いでした。

塩漬けにして、損切りの難しさを痛感する日々

私はこの時、株価が下がり続けるのをただ見ることしかできませんでした。なぜなら、損切りを行うことができなかったからです。損切りを行って新たに株を買い直せば、そこからまた儲けが発生することは頭でわかっていました。しかし、自ら損失を確定する勇気がなかったのです。結局、株価が下がることをどうすることもできず、ソフトバンクをと

うとう塩漬け株にしてしまったのです。

私は初めて株を買い、ナンピンすることの難しさ、そして、資金を管理することの難しさを体験しました。もし資金をうまく管理していたら、株を買うだけのお金がまだ残っていたかもしれません。そして、資金が残っていれば、ソフトバンクの株価が1000円を割り込むという予想外の事態に陥った時に買い増しできたかもしれません。後で解説しますが、私は長期での保有を前提にソフトバンクを買いました。それでも、含み損を抱えたらその含み損に神経質になり、「本当に倒産したらどうしよう」などと余計なこともたくさん考え、自分の甘さを後悔する日々でした。ただ、この時の体験があったからこそ、株を買うタイミングやお金の使い方に、注意を払うようになっていったのだと思います。

軟調だった日経平均株価に楽観的だった理由

私は当時、ソフトバンク以外の株も保有していました。損切りする勇気がなかったのも事実ですが、長期で保有しようと考えていたため、ほとんどの株に含み損が発生していました。

その時の私は、「日経平均株価が1万円を割り込むほど、日本経済は悪いの？いずれ日経平均株価が1万円を目指すような事態になれば保有株の株価も上昇するだろうから、その時まで持ってみてもいいのでは？」と考えていました。そのため、「こんなにも株価が安いんだから、塩漬けにしてもいいのでは？」という判断があったのです。

私が当時購入した株には、丸紅という商社の株もありました。商社は当時、インターネットが普及することで中抜きされ、いずれなくなるのではないかという風に言われていました。そのため、ソフトバンク同様、丸紅も倒産するかもしれないという憶測があったのです。おかげで、丸紅の株価は１００円（１０００株単位）前後をうろうろしていました。

１００円割れという株価だけを見ていれば、まさに倒産寸前という感じです。購入することをためらっても不思議はありません。しかし、私には、丸紅で働いている知人がいたため、その仕事ぶりや生活ぶりを見るにつけ、丸紅が、そして商社がなくなるとはまったく思えなかったのです。そして、「何十万人もの従業員がいるのに、丸紅がなくなったら日本は大混乱のはず。丸紅が倒産するなら、その前に倒産する会社はもっとあるはず」という風に考えていたのです。

さらに、「私もＥＴＦを買います。絶対儲かります」という内容のコメントを当時の経済財政・金融担当だった竹中平蔵さんがコメントされたこともありました。誰でも自分に都合の良いことばかりを取り入れがちではありますが、そのコメントを聞き、「いずれ日

日経平均株価チャート（2002〜04年）

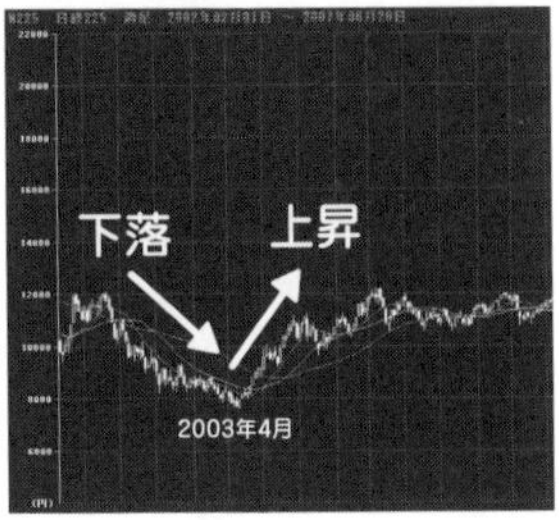
下落
上昇
2003年4月

ソフトバンクチャート（2002〜04年）

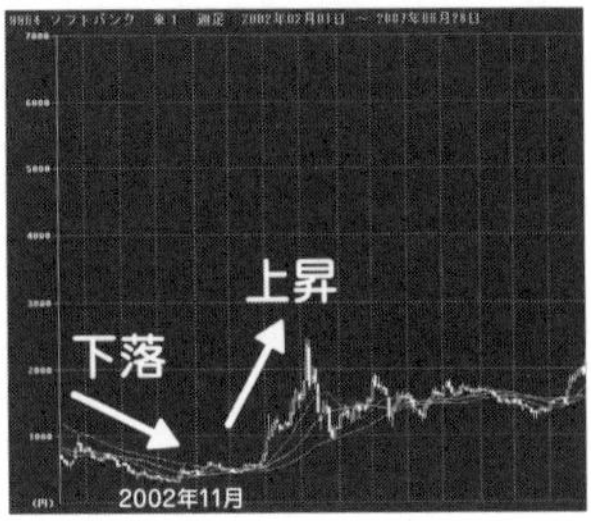
上昇
下落
2002年11月

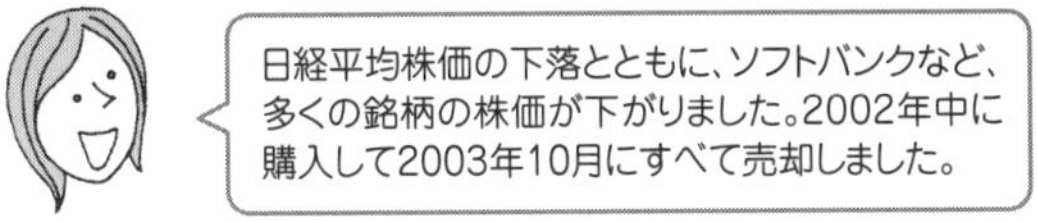
日経平均株価の下落とともに、ソフトバンクなど、多くの銘柄の株価が下がりました。2002年中に購入して2003年10月にすべて売却しました。

経平均株価は上がるだろう」と私はより強く思うようになったのです。

＊

とは言っても、日経平均株価が1万円を割れていた時には、「日本経済の先行きは不安だ」などの悲観的な内容のニュースばかりがあふれていました。いくら日本経済は大丈夫だろうと楽観していても、専門家のそうしたコメントなどを見聞きしていると、さすがに「本当に株を長期保有して間違っていないの？」と落ち込むことも多くありました。そして、保有株の悲観的なニュースを見聞きしてはその情報に振り回され、「株を売ってしまおうか」と考えることが何度もありました。

そして、数ヶ月経った２００３年夏以降、りそなショックを経て、日経平均株価は本当に1万円を超えたのです。

そのおかげで、私の保有株のほとんどが2倍以上に、そして、ソフトバンクの株価は６０００円を超え、約5倍になっていました。

この頃、株式市場の雰囲気は一転していました。つい数ヶ月前までは、「日本はダメだ」という悲観的なムード一色だったのです。それが日経平均株価が1万円を超えた途端、「日経平均株価は1万２０００円を目指す」などと楽観的なニュースが溢れていて、行け行けドンドンの状態なのです。

私は、周りが言うほど景気の悪さを実感できなかったため保有株を売らなかったわけです。しかし、日経平均株価が1万円を超えたことで、私は２００３年10月に保有株をすべて売却しました。

その数日後、日経平均株価は楽観的なムードの中でその時期の天井を向かえ、下落していきました。

この時以来、私は、情報に踊らされて一喜一憂して判断を間違わないように、できるだけ自分の普段の生活を重視して、銘柄を選んだり、投資の先行きを考えていくようになっていったのです。

初めて株式市場の暴落に遭遇する

たった1年足らずで100万円だった資金が3倍以上に増えたおかげで、私はすっかり株式投資の魅力にとりつかれてしまい、売却した資金で再度株を買おうと考えていました。

株価が安かった時には、好きな銘柄を好きな時に買って長期で保有していれば儲けることができました。しかし、株式市場が大幅に上昇したことで多くの銘柄の株価は底上げされ、購入できる金額の水準は高くなっていました。そのため、私は、これまでのように好きな銘柄を好きな時に買うだけでは、これまで以上に含み損を抱える可能性が高そうに思えたのです。そこで、私は、知っている銘柄だけにこだわらないで取引していこうと考えました。

銘柄を絞り込む方法として私が選んだ方法は、スクリーニングでした。スクリーニングであれば、自分が知らない銘柄も機械的に探してくれるからです。そして、できるだけ含み損を発生させないように取引するためには、すでに株価が安くなっている銘柄を探さなければなりません。

そこで、私は、テクニカル分析を活用して「売られすぎの銘柄」を探すことにしたので

RSIでスクリーニングをして、売られすぎの銘柄を探しました。ただし、暴落局面ではRSIは機能しているとは言いがたかったです。

日経平均株価チャート

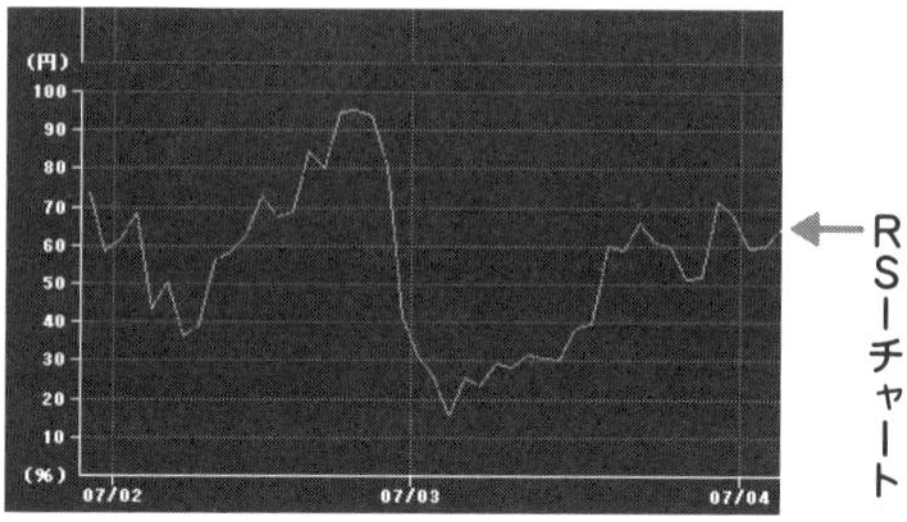
(円)
100
90
80
70
60
50
40
30
20
10
(%)
07/02
07/03
07/04
RSIチャート

70%以上買われすぎ！
30%以下売られすぎ！　でスクリーニング！

す。私は子育てのために株に回せる時間が少なくなっていたこともあり、効率的に安い銘柄を見つけたいとも思っていたのです。

売られすぎだけでは暴落局面は通用しない

スクリーニングで売られすぎの銘柄を探し、その中から銘柄を選んで取引する方法は、株価が上昇している間はうまく機能しました。しかし、初めて体験した株式市場の大暴落ではまったく機能しませんでした。

というのも、株式市場が暴落する日にはほとんどの銘柄の株価が下落しますので、あまりにもたくさんの銘柄がスクリーニングで選ばれてしまいます。そして、スクリーニングを行った後にも暴落が続くと、株価は売られすぎの基準よりもさらに下落してしまうのです。おかげで、株式市場が暴落する時には、多くの注文があっという間に約定してしまったのです。

注文価格が安かったため、私は幸運にもこの暴落で買った株を売ることができました。もし高い価格で注文を出していれば、それは含み損、そして塩漬け株になっていたかもしれません。この暴落をきっかけに、私は、売られすぎというだけでは暴落局面を乗り切ることはできないことを初めて思い知らされたのです。

私は、含み損になる確率をより下げるためには、「もう少し高く売れたのに」「もっと安く買えたのに」と思う取引をできるだけ少なくし、買い時と売り時のタイミングをよりピンポイントでとらえることが必要だと考えました。そこで、私は、売られすぎという指標に複数の株価チャートを組み合わせて、売買タイミングを図るようになっていったのです。この取引方法を繰り返すことで、私はよく取引する得意銘柄を作るようになっていきました。そして、得意銘柄の売買を繰り返すことで、２００４年の終わり頃には資金も順調に5倍に増えていきました。

株式市場のファンダメンタルズの重要性を思い知る

株式市場がもみあっている時にはテクニカル分析だけで儲けることができたため、私は株式市場のファンダメンタルズを理解することはありませんでした。おかげで、２００５年春の暴落以降も、いつも通り空売りを試みたのです。

日本経済が良くなっていることを考えれば株式市場のファンダメンタルズは上昇トレンドで、空売りが危険なのは明らかでした。それでも、私はソフトバンクを空売りしたのです。ソフトバンクは、私がいつも売買するお気に入り銘柄の１つでした。なかなか利益が出ない状況に不安を覚えてすぐに買い戻したおかげで踏まされ（含み損になる状態のこと）ずに済みましたが、もし空売ったのが得意銘柄でなければ完全に踏み上げられていたと思います。

ファンダメンタルズを無視した取引の危険さを痛感した私は、以降ファンダメンタルズ分析も取り入れるようになったのです。結局２００５年のファンダメンタルズは良好だと判断してすべて買いの取引に変更したおかげで、２００７年新春には、投資資金は当初の10倍を超えるまでに増えたのです。

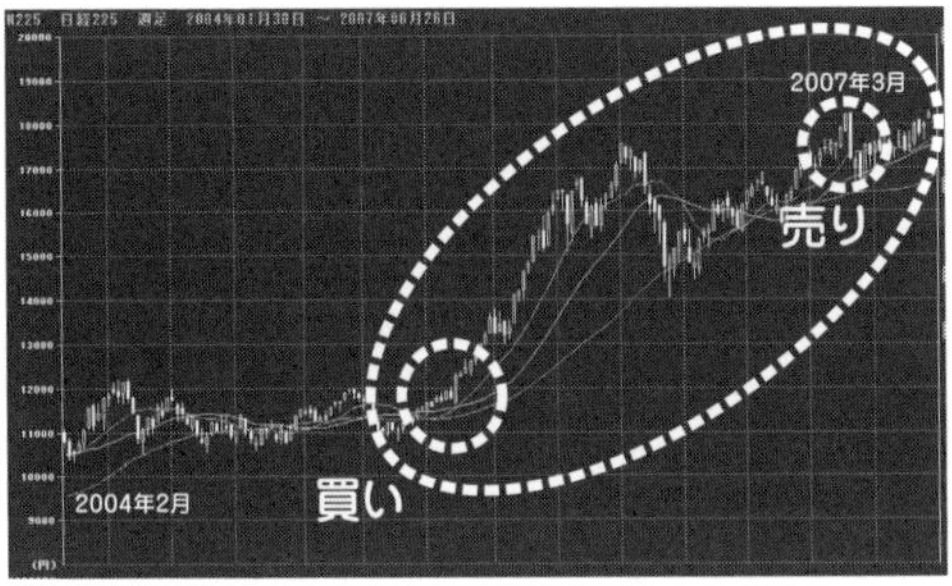
2007年3月
売り
買い
2004年2月

2005年に日経平均株価は大きく上昇。つられて、他の銘柄も大きく上昇！

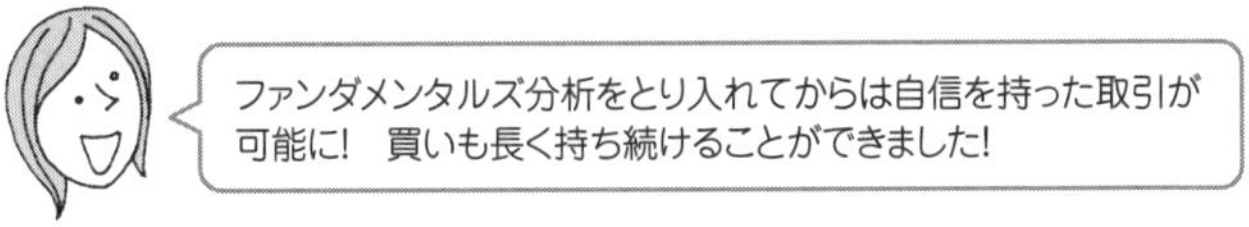
ファンダメンタルズ分析をとり入れてからは自信を持った取引が可能に!　買いも長く持ち続けることができました!

他人の投資法を自分流にアレンジしよう

私は、たくさんの儲かっている個人投資家の方に会う機会に恵まれました。そして、より高いパフォーマンスを上げられるように、私が取り入れていない投資方法があれば、いつも試してきました。そして、私に合う投資法を取り入れ、合わないと思う投資法はすぐに止めてきました。

投資スタイルは人それぞれですから、私の投資法全部を取り入れる必要はありません。良い投資法は取り入れ、ダメだと思う投資法は捨てることも、パフォーマンスを上げる上では重要な鍵だと思います。それでは、いよいよ私の具体的な投資法を次章以降で詳しく解説していきたいと思います。

「株」で着実に資産を10倍にふやした私の方法
～主婦の私にもできた、株でお金をふやす8つのポイント～

目次

プロローグ……1

第1章

ポイント1
横山流「着実投資」、基本の考え方はコレ!

01 面倒でもテクニカル分析は利用しよう……24
02 トレンドに沿った取引を心がけよう……26
03 トレンドの確認には、日足・週足・月足チャートを利用しよう……28
04 トレンドの変化を見極めるにはトレンドラインを利用する……30
05 基本は上昇トレンドの押し目買い……34
06 逆張りの取引は利益確定を最優先にする……38

第2章

ポイント2
実際に買うときに私がチェックする指標はコレ!

01 私が利用する株価チャートはコレ!……44
02 「ローソク足」で株価の動きを確認する……48
03 「移動平均線」で株価のトレンドを確認する……52
04 「MACD」で売買タイミングを分析する……56
05 「一目均衡表」で株価のトレンドをつかむ……60
06 「ボリンジャーバンド」で株価の過熱感を見る……64
07 「RSI」で株価の過熱感を見る……68

第3章

ポイント3
株価に影響大！
私が株取引の時に気にする情報はコレ！

01 日本国内の景気動向や企業業績をチェックしよう！……74
02 アメリカの株式市場の動向をチェックしよう！……76
03 アメリカの景気動向でトレンドを予測しよう！……80
04 外国人投資家の動きと為替相場の動きを確認しよう！……82

第4章

ポイント4
誰でもマネできちゃう、
横山流シンプルな銘柄の選び方はコレ！

01 自分が好きな分野や興味のある分野から銘柄を探す……88
02 世の中の流行やマーケットから新たなテーマを連想する……90
03 スクリーニング機能を活用して銘柄を探す……92
04 ファンダメンタルズ分析ではPERをチェック！……96
05 ファンダメンタルズ分析では有利子負債をチェック……98
06 常時監視している中から銘柄を選ぼう！……100
07 株式投資はビジネスと割り切りを。銘柄に愛情を注いでも儲からない……102

第5章

ポイント5

着実に利益が出せる！ 私がおすすめする売買タイミングはコレ！

01 総悲観の時に株を買い、楽観的になったら株を売る……106
02 上昇トレンドの時は押し目を狙う……108

03 下落トレンドの時は短期リバウンドで売る……112
04 思った通りに株価が動かない時は早めに売る……116
05 窓を意識して売買タイミングを分析する……118
06 フィボナッチを意識して売買タイミングを分析する……122
07 W底で底値を確認して取引する……126
08 信用残の推移から売買タイミングを分析する……130
09 確実に約定させる指値の入れ方……134
10 ダマシを避けるための方法……136

第6章

ポイント6

マイペースで投資して資産10倍を達成できる、横山流売買ルールはコレ!

01 毎月10万円、投資資金10%の利益を目指す……140

02 資金を全部つぎこんではダメ！　まずは半分程度のお金から……142
03 取引は指し値で注文。最初の指値は変更しない……146
04 株式市場が盛り上がってきたら利益確定。総悲観の時こそ買いチャンス！……150
05 上昇トレンドのフルポジションは、儲けも損も大きい……154
06 値動きが大きいと儲けも損も大きく、値動きが小さいと儲けも損も小さい……156
07 損切りするなら買値撤退か、早めの撤退を……158
08 掲示板や雑誌などは必要なし。他人の情報に踊らされない……160

第7章

ポイント7

「配当」「優待」「信用取引」などの私なりの考え方とルールはコレ！

01 株主優待を狙うなら、複数単位で購入しよう！……164
02 配当金はあくまでもオマケとしてゲットしよう！……168

03 信用取引は現物取引の補完。余裕を持って取引しよう！……170
04 自社株買いに注目して売買タイミングを考える！……172

第8章

ポイント8
着実に儲けるための、私が実践している心理コントロールはコレ！

01 話題の投資法に流されない！　自分流の投資法を確立しよう……176
02 株を売らない間は含み益。「もっと上がるかも」という期待は禁物……180
03 売った株がさらに上昇しても、相手にしない……184
04 いつも取引する必要はなし。取引しなければ損もしない……188
05 株にのめりこむのは禁物！　余裕を持って取引しよう……190
06 取引で失敗した原因を明らかにするには反省が必要……194

第1章

ポイント1

横山流「着実投資」、基本の考え方はコレ!

01

面倒でもテクニカル分析は利用しよう

私は普段、テクニカル分析を利用して、株を売買するタイミングを判断しています。ただし、株式市場の大きな方向性を形づくるのはファンダメンタルズだと考えています。そのため、ファンダメンタルズ分析で株式市場の大きな流れを分析し、さらに、その大きな流れに沿うような形で売買タイミングを分析するためにテクニカル分析を利用しています。ですから、ファンダメンタルズ分析もテクニカルも、**儲けるためにはどちらも必要だ**と考えています。

また、最近はインターネットで株を取引する投資家が増え、誰でも簡単に株価チャートを見ることができるようになりました。私は、株価チャートを見て売買タイミングを分析する人が増えれば増えるほど、株価チャートを利用することが重要だと考えています。なぜなら、**大勢の投資家と同じ方向性で投資できなければ株式市場の流れに逆らうことになってしまい、儲けることが難しくなってしまう**からです。もちろん、分析する人によってその判断は異なりますので、その分析が１００％当たるわけではありませんが。慣れるまでは大変かもしれませんが、できれば1日1回は株価チャートを見ることをオススメします。

図01▶ ファンダメンタルズ分析も テクニカル分析も活用しよう

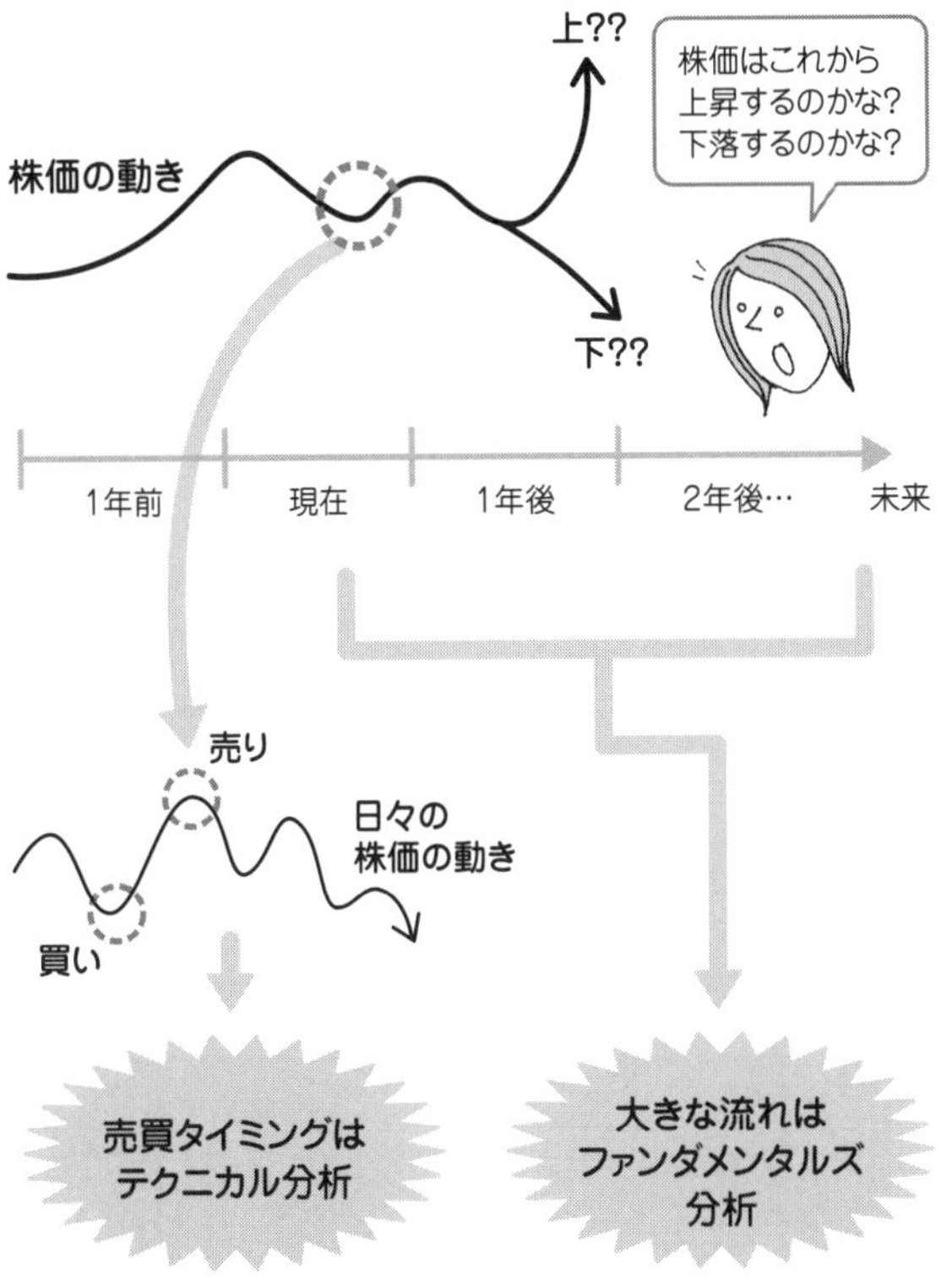
上??
株価はこれから
上昇するのかな?
下落するのかな?
株価の動き
下??
1年前
現在
1年後
2年後…
未来
売り
日々の
株価の動き
買い
売買タイミングは
テクニカル分析
大きな流れは
ファンダメンタルズ
分析

POINT

株価の大きな流れはファンダメンタルズ分析で、詳細な売買はテクニカル分析を利用するとよい!

02

トレンドに沿った取引を心がけよう

株価は日々、上昇と下落を繰り返しています。そのため、「今日10円上昇した」「昨日は5円下落した」などとその日の動きだけをピンポイントで見ていては、株価が今後どう動くのかを予測することはとても難しいと言えます。

株価は日々気ままに動いているわけではなく、日々一定の方向、つまりトレンドに沿って動いている傾向が高いため、株価が今どのようなトレンドで動いているのか、大きな流れを把握することが儲ける上ではとても重要になります。

なぜなら、**株価のトレンドに沿って取引した場合には放っておいても儲かる確率は高い**のです。それにもかかわらず、株価のトレンドに逆らって取引を行うということは、わざわざ損をしてあげますと言っているようなものだからです。

株価のトレンドには、「上昇トレンド」「下降トレンド」「横ばいトレンド」があります。まずは、株価が現在どのトレンドにあるのかを確認し、そのトレンドに沿って取引することが大切です。しかし、株価のトレンドは常に変化しています。ですから、一度トレンドを確認したら永遠にそのトレンドが続くわけではありません。自分の取引と照らし合わせながら、株価のトレンドが変化していないか確認していくことが大切です。

図02 ▶ トレンドを読んだ取引が大切

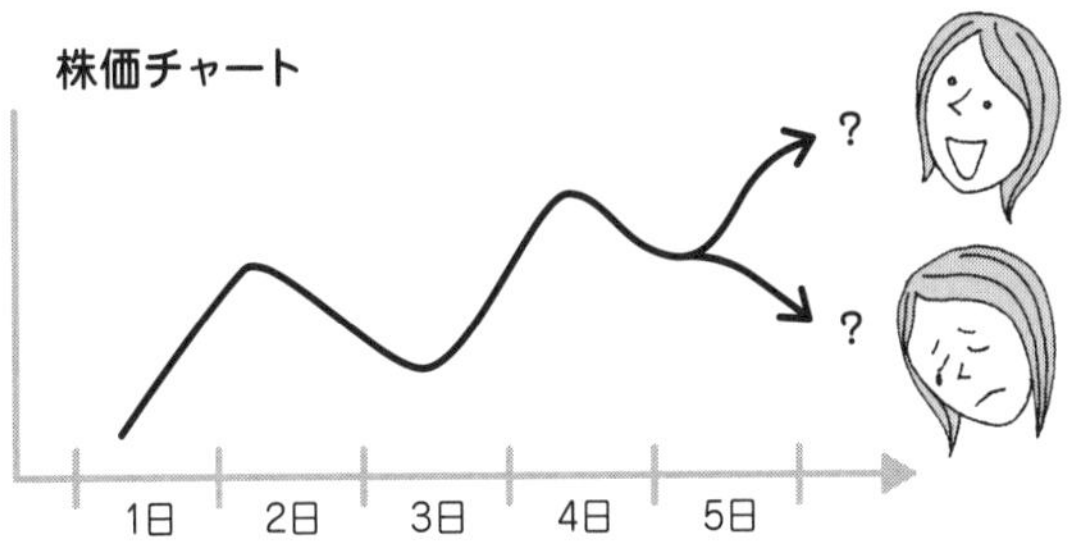

株価の動きに一喜一憂しないためにも、株価のトレンドに合わせた取引を心がけよう

トレンドには

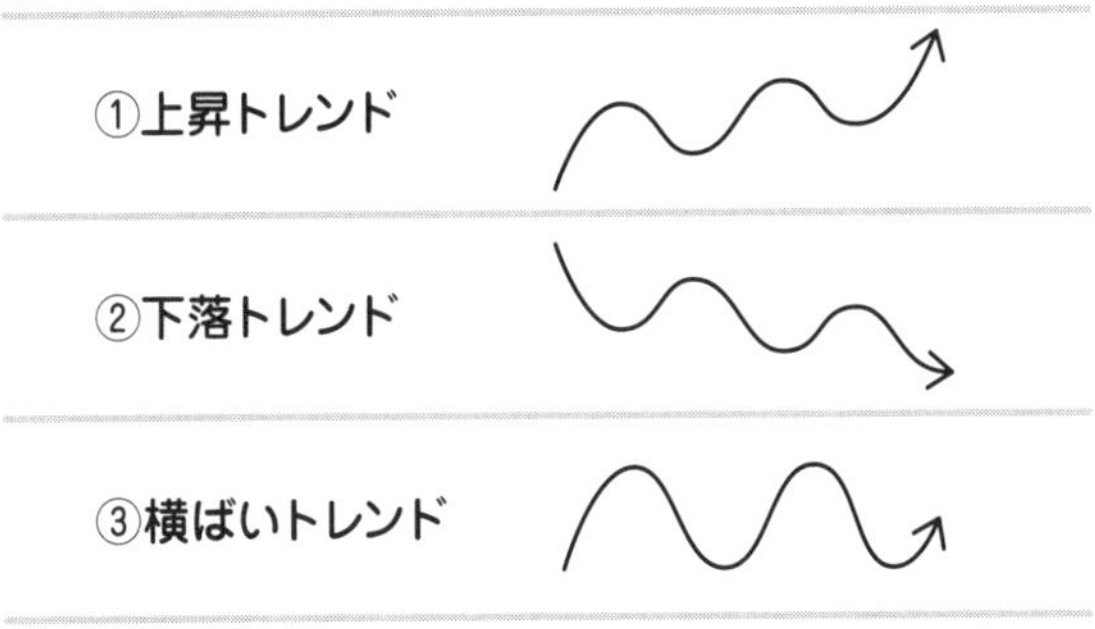

POINT

トレンドは永遠に続くわけではないので常に確認が必要

03

トレンドの確認には、日足・週足・月足チャートを利用しよう

たとえば、移動平均線の株価チャートには、株価の毎日の動きを表す「日足チャート」と、1週間の動きを表す「週足チャート」、1カ月の動きを表す「月足チャート」があります。株を1週間程度の短期で売買する場合であれば、日々の値動きを知るために日足チャートを見るだけでもよいでしょう。中期の売買であれば週足チャート、長期の売買であれば月足チャートを見るだけでよいかもしれません。しかし、株価のトレンドを把握したいのであれば、結論としては、全部の株価チャートを見た方がいいでしょう。

なぜなら、日足チャートは週足チャートのトレンドに収まり、週足チャートは月足チャートのトレンドに収まっているからです。ですから、短期で株を売買したいのであれば、まずは中長期のトレンドを確認し、そのトレンドに沿うように短期で取引をすれば損をする可能性が低くなると私は思っています。

トレンドの確認方法としては、月足、週足、日足の株価チャートを見るだけで十分です。ぱっと見ただけで、株価が今上昇トレンドなのか、それとも下落トレンドなのかは確

認できるからです。トレンドを確認するために株価チャートを見るだけであれば、1銘柄につき1分程度もあれば十分でしょう。株で儲けたいなら、常に株価のトレンドを意識しておくことが大切です。

図03 ▶ 株価チャートを使い分けよう

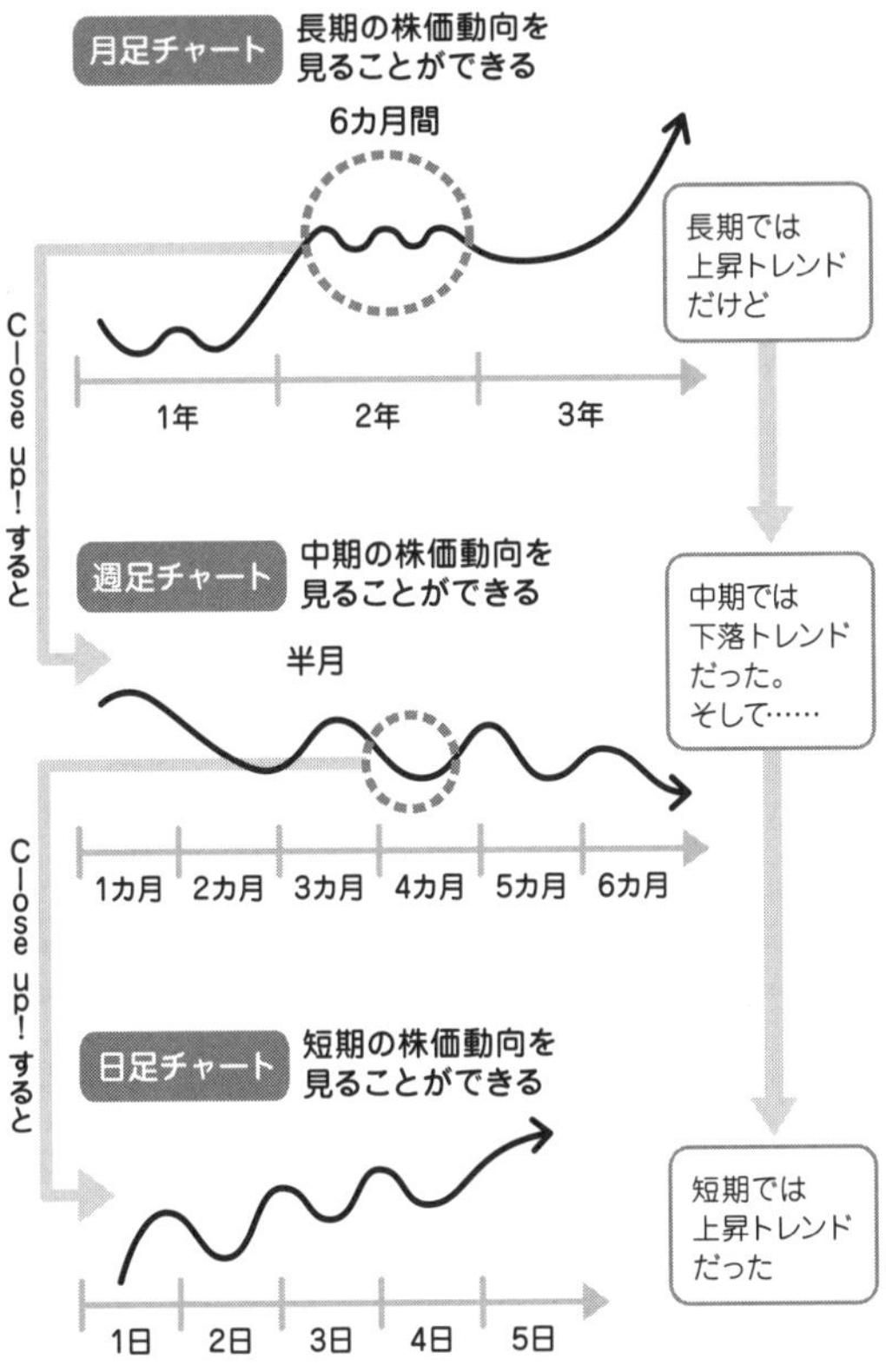
月足チャート
長期の株価動向を見ることができる
6カ月間
長期では上昇トレンドだけど
1年
2年
3年
Close up! すると
週足チャート
中期の株価動向を見ることができる
中期では下落トレンドだった。そして……
半月
1カ月
2カ月
3カ月
4カ月
5カ月
6カ月
Close up! すると
日足チャート
短期の株価動向を見ることができる
短期では上昇トレンドだった
1日
2日
3日
4日
5日

POINT

株価チャートは投資スタイルに応じて使い分けることが大事である

04

トレンドの変化を見極めるには トレンドラインを利用する

株価のトレンドは、永遠に続くわけではなく絶えず変化しています。その変化のタイミングを見逃すと、場合によってはこれまでの儲けの大半を吹き飛ばすこともあります。トレンドの変化を素早く掴むために、**私は株価のトレンドを分析する「トレンドライン分析」を利用します**。

トレンドライン分析では、トレンドラインをひいて分析します。ネット証券の中には、トレンドラインを自動的にひいてくれる機能がついているところもありますがトレンドラインは、直近の安値とその前の主要な安値を結ぶことで「下値支持線」をひくことができます。反対に、直近の高値とその前の主要な高値を結ぶことで「上値抵抗線」をひくことができます。この上値抵抗線と下値支持線の形状で、株価が今、どんなトレンドなのかがわかります。

上昇トレンドにある場合、株価は通常、下値支持線あたりで下げ止まります。そして、下落トレンドにある場合は、上値抵抗線あたりで上値がおさえられ、横ばいトレンドにあ

図04-1▶トレンドラインを活用しよう

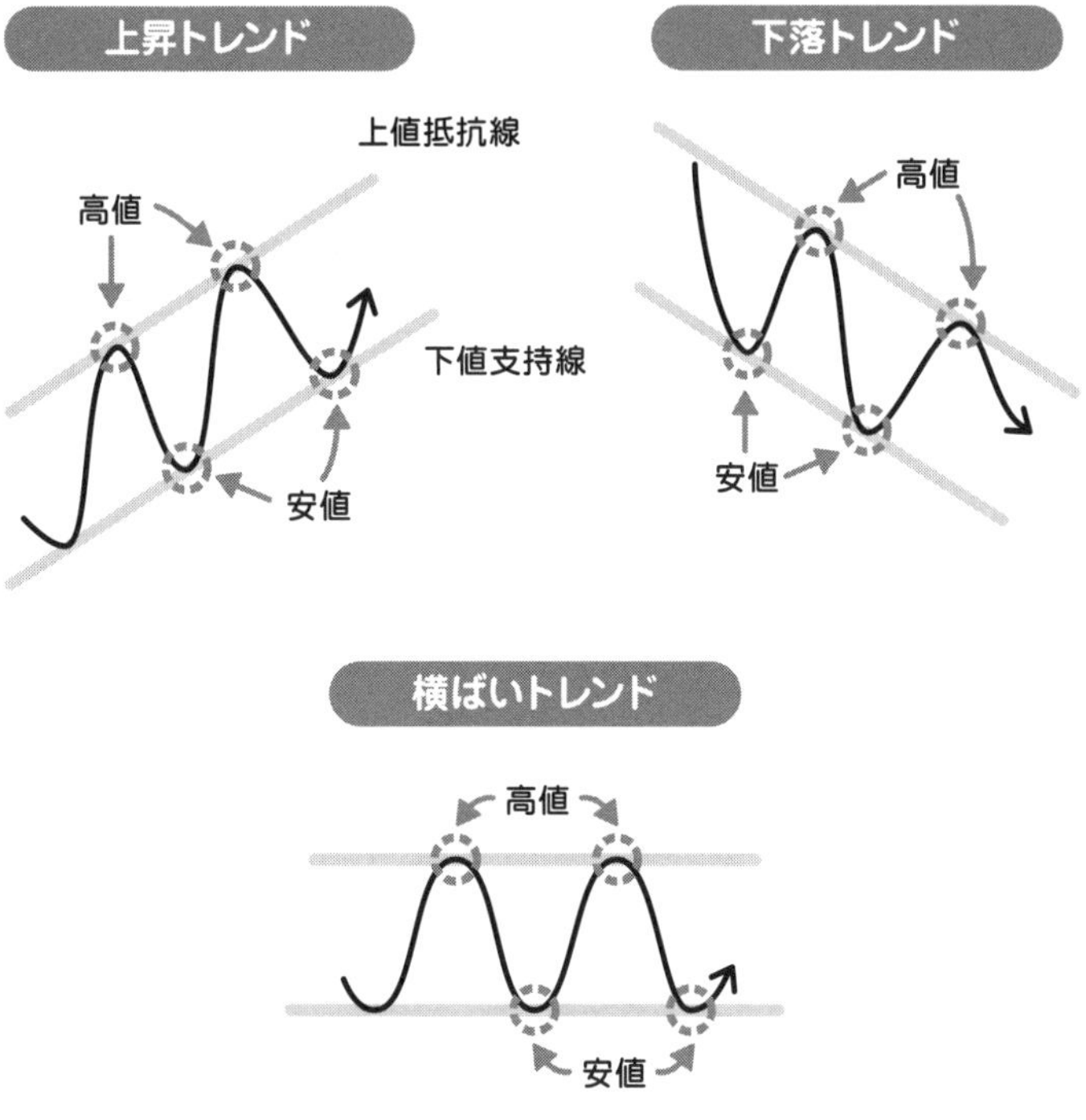

POINT

トレンドラインをひくことで
株価のトレンドがわかる

る場合は、上値抵抗線と下値支持線の間を株価が行ったり来たりします。この状態が続いている間は、株価のトレンドは維持されていることになります。

トレンドの変化するタイミングを逃さない

たとえば上昇トレンドや横ばいトレンドにあった株価が、これまで下げ止まっていた下値支持線で下げ止まることなく、そのまま突き抜けて下落してしまう時もあります。もちろん、下落トレンドや横ばいトレンドにある株価が、上値抵抗線を上回っていく時もあります。このような状態になったら、トレンドが変化した可能性が高くなります。

株価がいったん新たなトレンドに移行すると、その新たなトレンドで動く可能性が高くなります。もし株価がトレンドラインを下にブレイクした場合には、下落トレンドへ突入した恐れがあります。この場合には、株を早々に売却してしまうなどの対応をとることが必要になります。また、株価がトレンドラインを上にブレイクした場合には、儲けが大きくなるだけですから問題ありません。もしこれから株を買う場合には、トレンドを上にブレイクしたことを確認してから購入すればよいでしょう。

株価のトレンドは、ずっと続くわけではありません。いずれトレンドが変化する可能性があることを忘れずに取引していくことが大切です。

図04-2▶トレンドラインを活用しよう

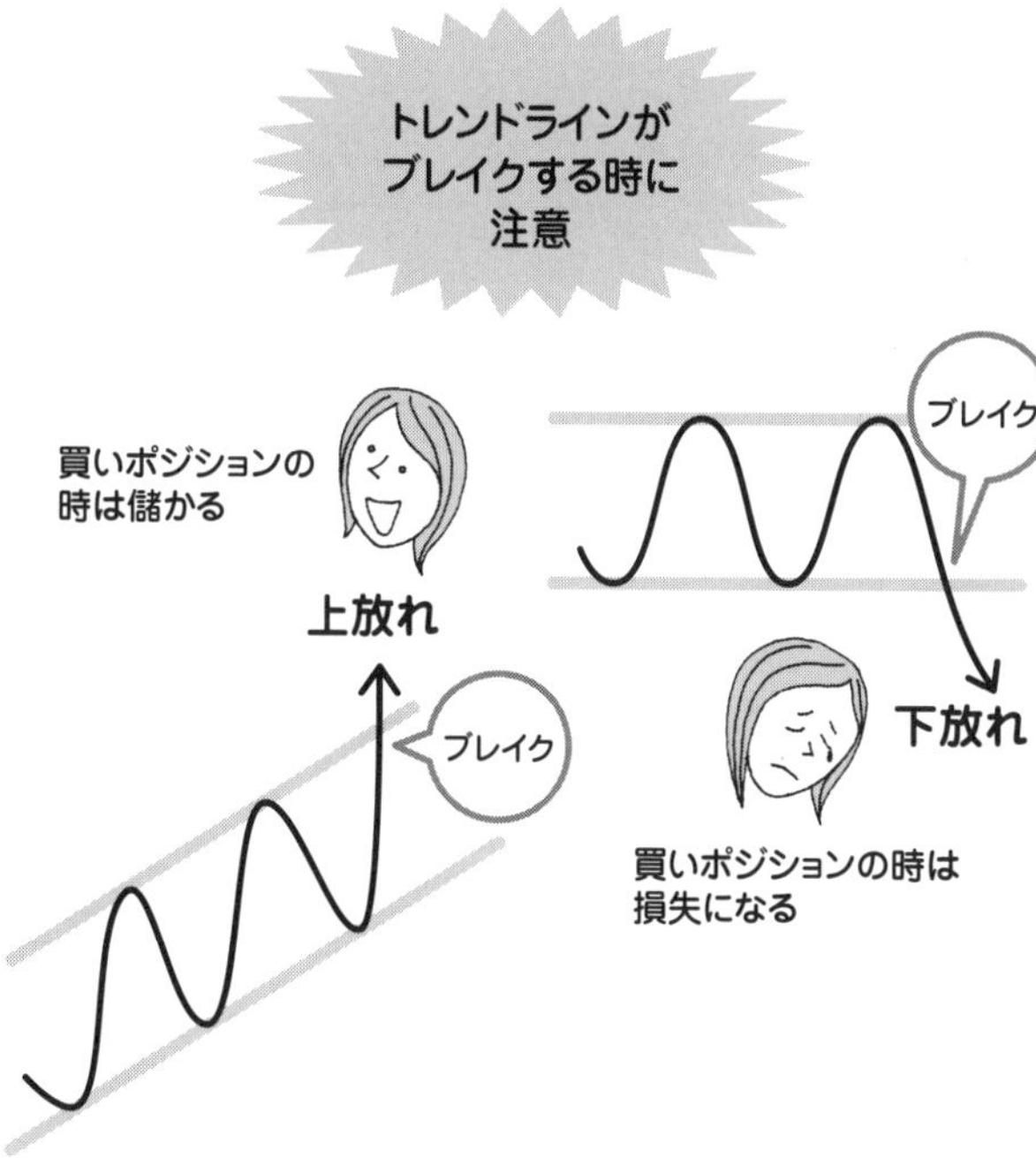
トレンドラインが
ブレイクする時に
注意
買いポジションの
時は儲かる
上放れ
ブレイク
ブレイク
下放れ
買いポジションの時は
損失になる

POINT

トレンドラインのブレイクの仕方次第では、損失になることもある。対処の方法を決めておこう

05

基本は上昇トレンドの押し目買い

株で取引する方法の１つに「順張り」があります。順張りとは、株価が高くなると予測する場合に、株価の上昇トレンドに沿って株を買う取引のことです。株価が上昇する途中で株を買い、株価が天井をつけるあたりで株を売る方法になります。

順張りは、株価が上昇すると予測して株を買う方法ですから、高値掴みなどのようによほど株を買うタイミングを間違えなければ、一般的には儲けやすい取引方法とされています。

そして、順張りの代表的な取引方法が「押し目買い」です。株価が上昇している途中で下落した時（これを押し目と言います）に株を買う方法です。たとえば、株価が上昇することを期待して１回株を買ったとします。思惑通り株価が上昇したため、途中の下落を狙ってさらに株の買い増しを行うことができます。この方法の場合、株価がその後上昇すれば、押し目買いを行って株を買い増した分だけ利益は増えますが、買い増しをした分だけ買いの平均価格は上昇することになります。

図05-1 ▶ 上昇トレンドの押し目買いが基本

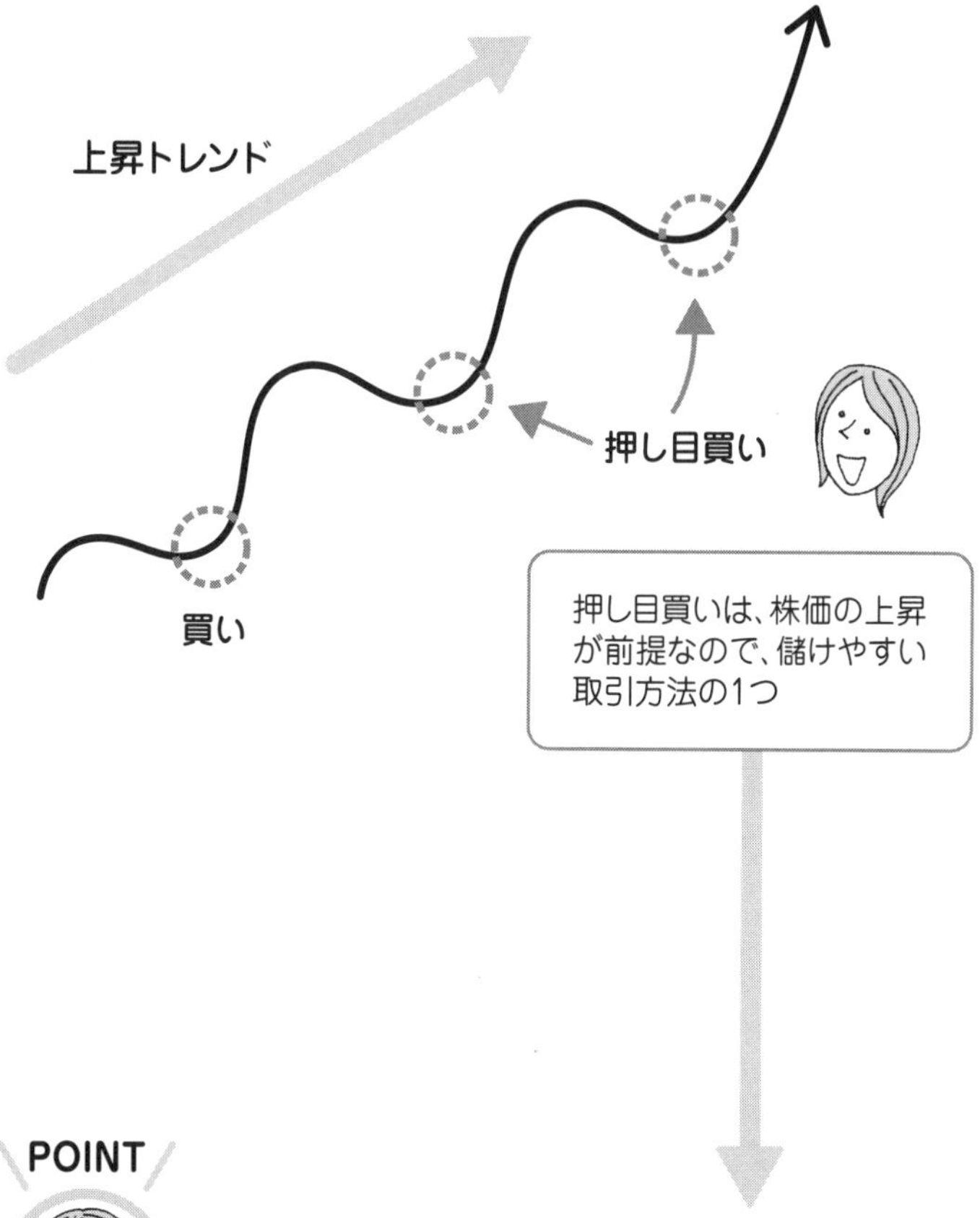
上昇トレンド
押し目買い
買い
押し目買いは、株価の上昇が前提なので、儲けやすい取引方法の1つ

POINT

ただし、押し目買いをした回数分だけ、買いの平均価格は上昇することに

押し目買いでの買い増しは慎重に

押し目買いは基本的に、株価が今後も上昇することが期待できる場合に有効な取引方法です。しかし、株価が上昇していくのか、それとも下落していくのかを予測することはとても難しいことです。株価が予測に反して下落してしまう場合には、押し目買いを行って株数を増やした分だけ、損失が大きくなってしまいます。

ですから、あまりリスクをとりたくないのであれば、**1回目の買いでの株数を一番多くしておき、買い増しを行う時の株数は、1回目と同等かそれ以下にした方がよい**と私は思っています。

買い増しをした分だけ買いの平均価格が上昇し、かつ株数も増えるということは、それだけ下落したときの損失のリスクが高くなるからです。

株価が常に上昇を続ける株はなく、いずれは必ず下落するのです。上昇トレンドだからと安心するのではなく、上昇トレンドが継続しているのかを絶えず確認しておくことが大切だと思います。

図05-2 ▶ 上昇トレンドの押し目買いが基本

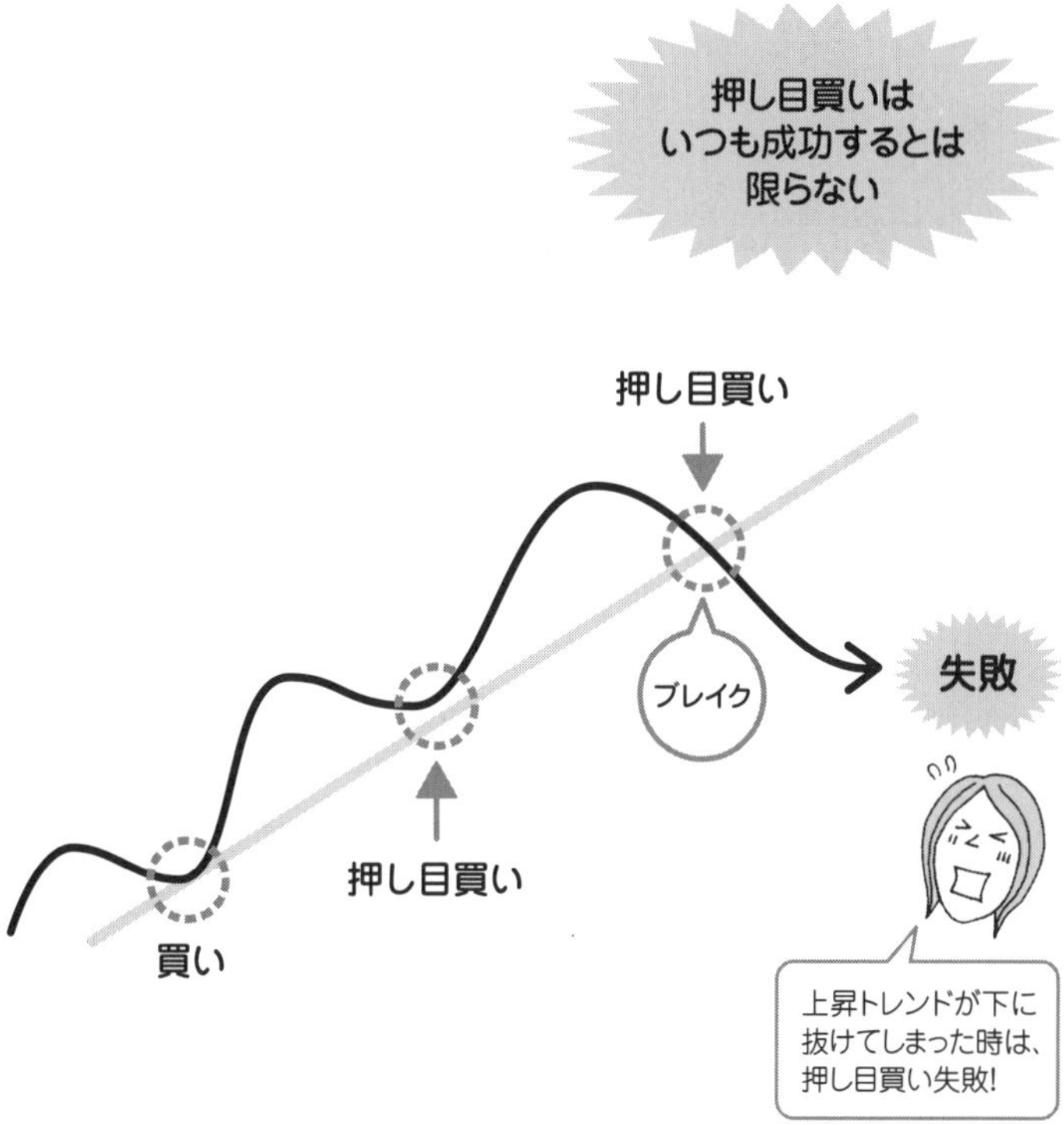
押し目買いは
いつも成功するとは
限らない
押し目買い
ブレイク
失敗
押し目買い
買い
上昇トレンドが下に
抜けてしまった時は、
押し目買い失敗!

POINT

トレンドが続くとは限らないので、押し目買いに過信は禁物

06

逆張りの取引は利益確定を最優先にする

株を取引する際のもう1つの方法は、「逆張り」です。逆張りとは、株価の流れに逆らって、つまり株価のトレンドとは反対方向に向かって株を取引する方法のことです。長期で株価が下落している場合や一時的に株価が安くなった場合などで、株価が一時的に反発して高くなることを狙って株を買う取引です。この反発力が意外に大きいこともあり、儲けが大きくなる可能性が高いといえます。

しかし、そもそも逆張りでは、株価が長期的に上昇することを前提にしていません。株価の長期的な上昇を期待していないということは、損をする可能性の高い取引方法ということだと私は思っています。そのため、**逆張りで株を買う場合には、必ず株を売る基準を決め、その基準に従って機械的に売買することが重要**になります。もし売り時を逃してしまった場合には、損失を被る恐れが高いからです。

一般的に、株価が下落トレンドにある場合には、1度目の天井よりも2度目の天井の方が低くなる可能性が高くなります。ということは、1度目の天井で売り抜けられなけれ

図06-1 ▶ 逆張りでの取引は、機械的に行なう

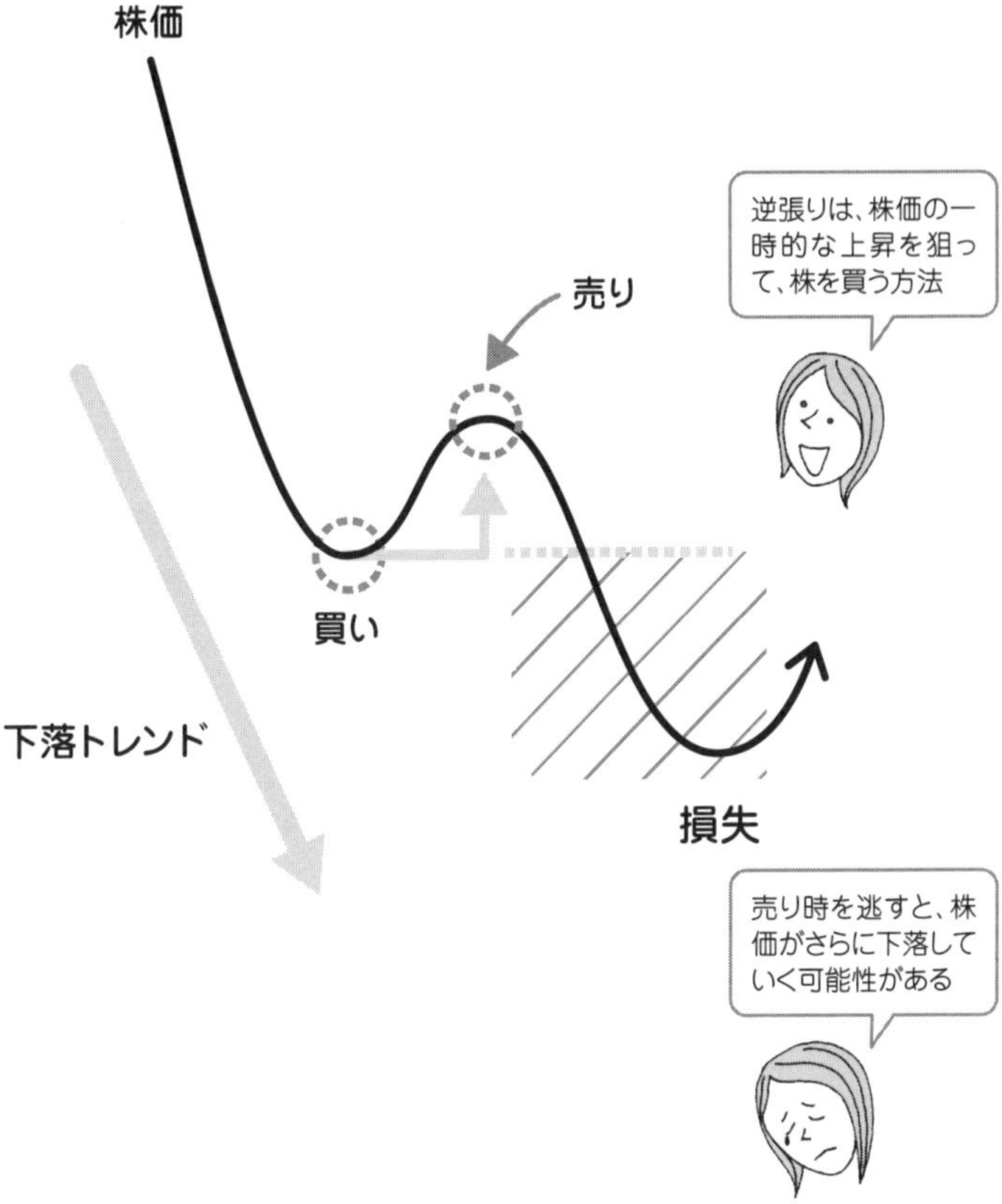
株価
売り
買い
下落トレンド
損失
逆張りは、株価の一時的な上昇を狙って、株を買う方法
売り時を逃すと、株価がさらに下落していく可能性がある

POINT

逆張りは売る基準を決めて、機械的に取引しよう

ば、自分が買った値段以上にまで株価が上昇する保障はないということです。「まだ上がるかも」などと欲をかかずに、利益が出ているうちに早々に売り抜けることが大切です。

ボックス相場の逆張りは慎重に！

ただし、株価がボックス相場にある場合などでは、逆張りは順張りよりも短期間で利益を得る可能性が高いと思います。ボックス相場にある銘柄の株価は通常、下値支持線で下げ止まり、上値抵抗線で上値がおさえられるという動きを繰り返します。そのため、ボックス相場の下限で買い、ボックス相場の上限で売るのを繰り返すことで、着実に儲けを手に入れられることが多いのです。

ただし、このボックス相場もいつまでも続くわけではありません。良い材料が出ればボックスを上に抜け、そして、悪い材料が出ればボックスを下に抜けてしまいます。ボックスを上に抜けた場合は利益が拡大するだけですから問題ありません。しかし、ボックスを下に抜けた場合は、買った途端に損失です。そのまま放置しておけば損失がずるずると拡大してしまう可能性が高いですから、損切りなどの対応をどうするか決めておくことが重要です。

図06-2 ▶ ボックス相場の取引は、慎重に行なう

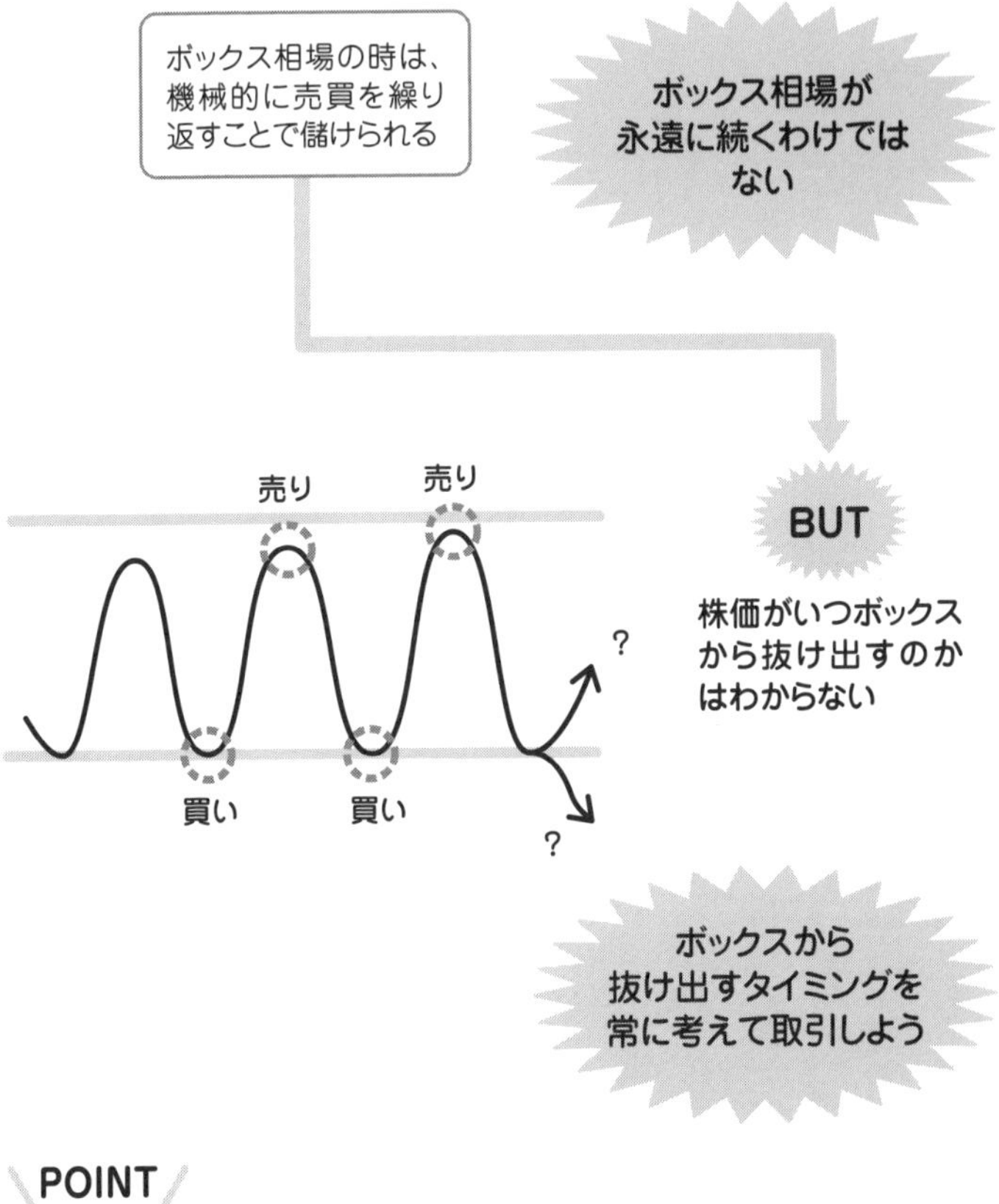
ボックス相場の時は、
機械的に売買を繰り
返すことで儲けられる
ボックス相場が
永遠に続くわけでは
ない
売り
売り
買い
買い
?
?
BUT
株価がいつボックス
から抜け出すのか
はわからない
ボックスから
抜け出すタイミングを
常に考えて取引しよう

POINT

損失が発生したときに備えて
対処法をあらかじめ考えておこう

第2章

ポイント2

実際に買うときに私がチェックする指標はコレ!

01 私が利用する株価チャートはコレ！

株価チャートには、ローソク足や移動平均線、ＲＳＩ、ストキャスティクス、パラボリック……とたくさんの種類があります。そのため、テクニカル分析にチャレンジしようと思った時に、「どの株価チャートを利用するのがいいの？」と壁にぶつかる人も多いと思います。私は当初、株価チャートは絶対に当たるものだと思っていました。そのため、たくさんの株価チャートを使えばそれだけ精度も上がって、よりたくさん儲けられるはずだと考えました。しかし、株価チャートにはそれぞれ特徴があり、ある株価チャートで買いサインが出ても、ある株価チャートでは買いサインが出ないということが多々あります。おかげで、たくさんの株価チャートを見れば見るほど、私は混乱してしまったのです。

株価チャートの特徴で使い分ける

株価チャートは一般的に、株価の方向性を表すトレンド系の株価チャートと、日々の値

図01-1 ▶ 株価チャートはすべて同じではない

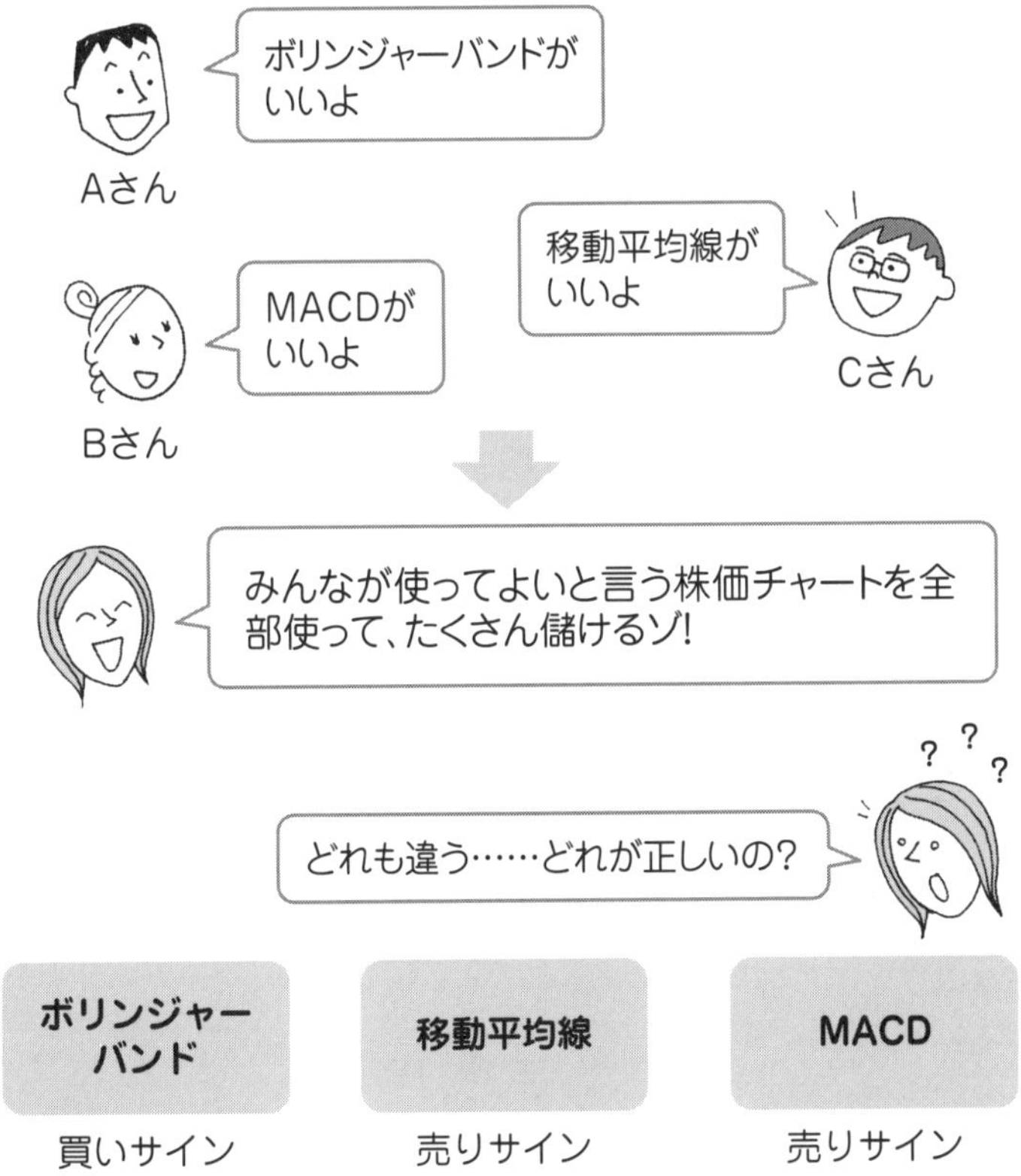
ボリンジャーバンドが
いいよ
Aさん
移動平均線が
いいよ
Cさん
MACDが
いいよ
Bさん
みんなが使ってよいと言う株価チャートを全
部使って、たくさん儲けるゾ!
どれも違う……どれが正しいの?
ボリンジャー
バンド
買いサイン
移動平均線
売りサイン
MACD
売りサイン

POINT

株価チャートをたくさん使えば
儲けられるわけではない。
自分の投資スタイルに合うものを探そう!

動きから相場の強弱を表すオシレーター系の株価チャートに分けられます。トレンド系の株価チャートでは、株が今、上昇トレンドなのか下落トレンドなのかを確認できます。そして、オシレーター系の株価チャートでは、株が今、買われすぎなのか売られすぎなのかを確認することができます。**それぞれには良さがあり、どちらが良くてどちらが悪いというものではありません。**そのため、私は、トレンド系とオシレーター系の株価チャートから、自分の投資スタイルに合った株価チャートを選び、使い分けています。

私が普段よく利用しているのは、トレンド系の株価チャートでは「ローソク足」「移動平均線」「ＭＡＣＤ」「一目均衡表」です。そして、オシレーター系の株価チャートでは、「ボリンジャーバンド」「ＲＳＩ」です。

株式市場はいつも同じように動いているわけではありません。また、銘柄によっても株価の動き方は異なります。株価チャートは、その日の株価が出た後で形づくられる後付けのグラフでしかありません。株価チャートではその日の結果を確認できるだけで、明日の株価がどう動くのかは結局、投資家の判断に委ねられているのです。ですから、株式市場に絶対がないように、テクニカル分析にも絶対はありません。株式市場や銘柄によって株価チャートを使い分けていくことがとても重要になるのです。

ポイント2　実際に買うときに私がチェックする指標はコレ!

図01-2 ▶ 私が利用する株価チャートはこれ

トレンド系

株価の方向性を見る

・ローソク足
・移動平均線
・MACD
・一目均衡表

オシレーター系

株価の過熱感を見る

・ボリンジャーバンド
・RSI

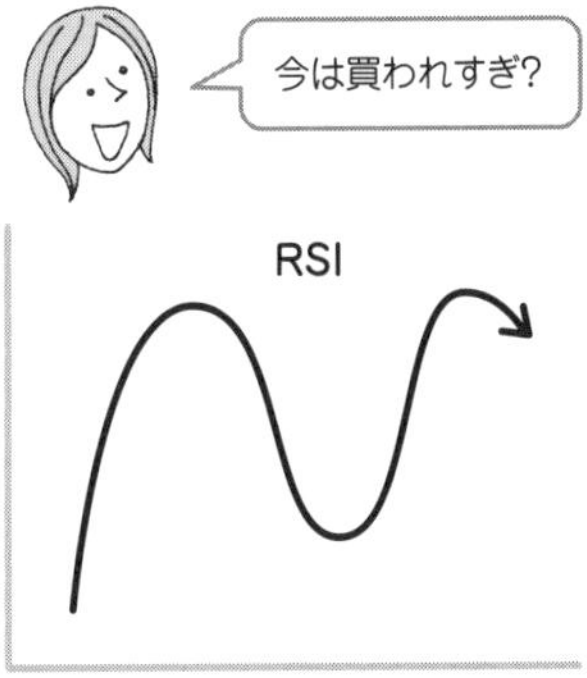

POINT

絶対当たる株価チャートはない。
目的に合わせて使い分けていくことが大切

02

「ローソク足」で株価の動きを確認する

ローソク足とは、一定期間の株価の動きをローソクのような形で表した株価チャートのことです。期間は見る株価チャートによって異なっていて、日足チャートの場合は1日、週足チャートの場合は1週間という風になっています。ローソク足がどのように形作られるかというと、一定の期間の「始値（はじめね）」「高値（たかね）」「安値（やすね）」「終値（おわりね）」の4つの値段が基になって、始値から終値までのローソク足の「実体」と、実体から安値、高値までを表す「ヒゲ」が形作られます。

具体的には、始値よりも終値が高い場合には「陽線」となります。株価がどれだけ上昇したのかを表しており、一般的に陽線は白色で表されます。また、始値よりも終値が低い場合には「陰線」になります。株価がどれだけ下落したのかを表しており、一般的に陰線は黒色で表されます。**株価が上昇トレンドにある場合には陽線が多くなり、下落トレンドにある場合には陰線が多くなります。ローソク足の色の傾向から、買い手と売り手のどちらの力が強いのかが一目でわかります。**

図02-1 ▶ ローソク足の条件

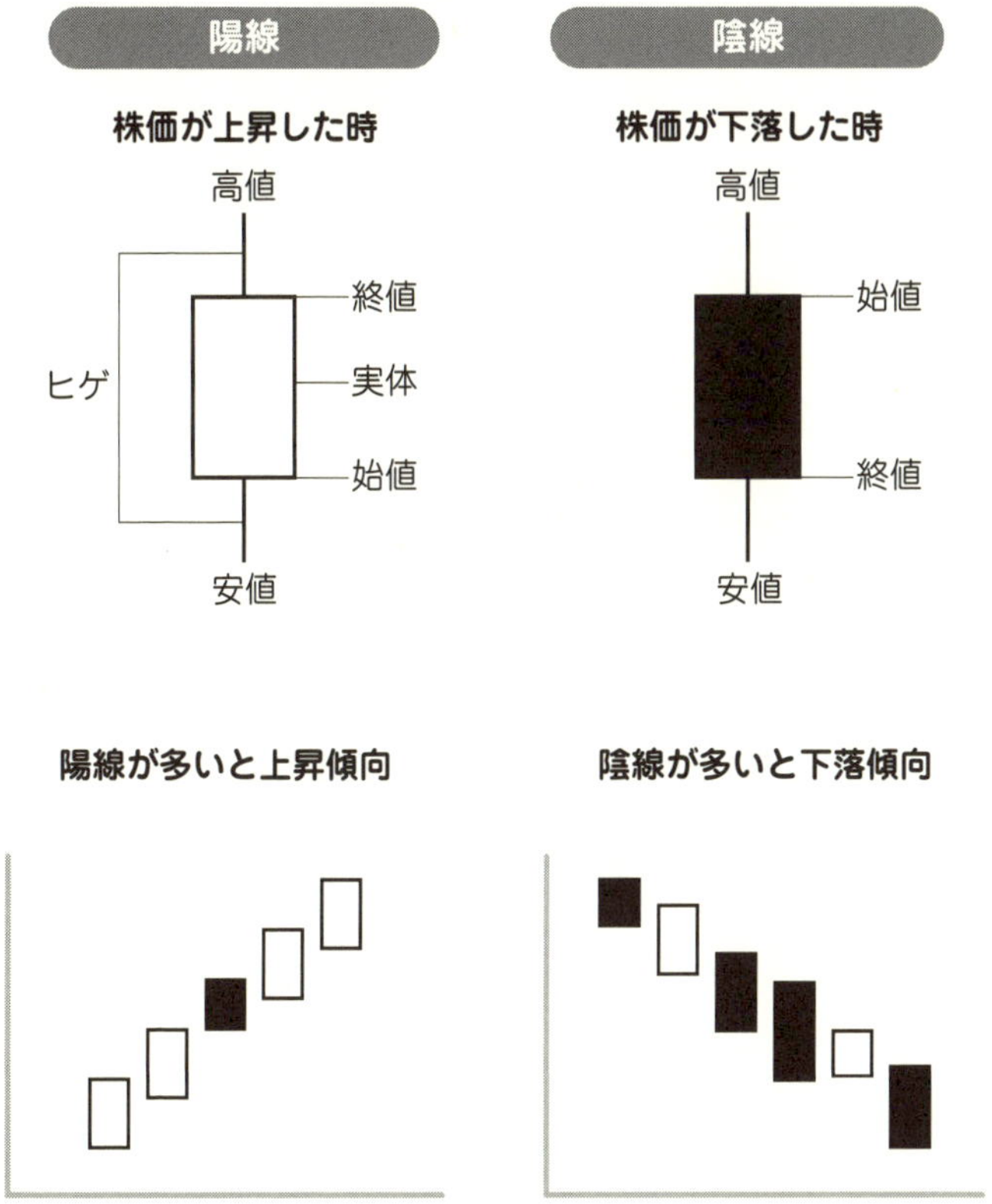
陽線
陰線
株価が上昇した時
株価が下落した時
高値
終値
実体
始値
ヒゲ
安値
高値
始値
終値
安値
陽線が多いと上昇傾向
陰線が多いと下落傾向

POINT

見ただけで株価の動向がわかるのが
ローソク足のメリット

ローソク足の形状で投資を分析することができる

また、ローソク足は、その形状や、どの位置で現れたのかで投資の判断に活用することもできます。たとえば、白色の陽線で実体が大きければ株価の大幅な上昇を、黒色の陰線で実体が大きければ株価の大幅な下落を表します。反対に、ローソク足の実体が短い場合には株価があまり動かなかったことを表します。

また、ヒゲも、長いものや短いもの、そして、まったくヒゲのないものもあります。ヒゲが長ければ1日の株価の上げと下げの幅が大きかったことを表します。反対に、ヒゲが短い場合は、上げと下げの幅が小さかったことを表します。時にはローソク足の実体がなくてヒゲだけ、つまり線だけで表されるローソク足もあり、「寄引同時線」と呼びます。寄引同時線は、始値と終値の株価が同じだったことを意味し、買い方と売り方の力が同じ状態だったことを表しています。寄引同時線は相場の転換期に現れることが多く、高値圏で現れると株価が下落する売りシグナル、安値圏で現れると株価が上昇する買いシグナルといわれています。

ローソク足には、売買タイミングや株価の今後の動向を分析するための大切な要素が含

まれています。ローソク足の見方は最低限覚えておくとよいでしょう。

図02-2▶いろいろなローソク足

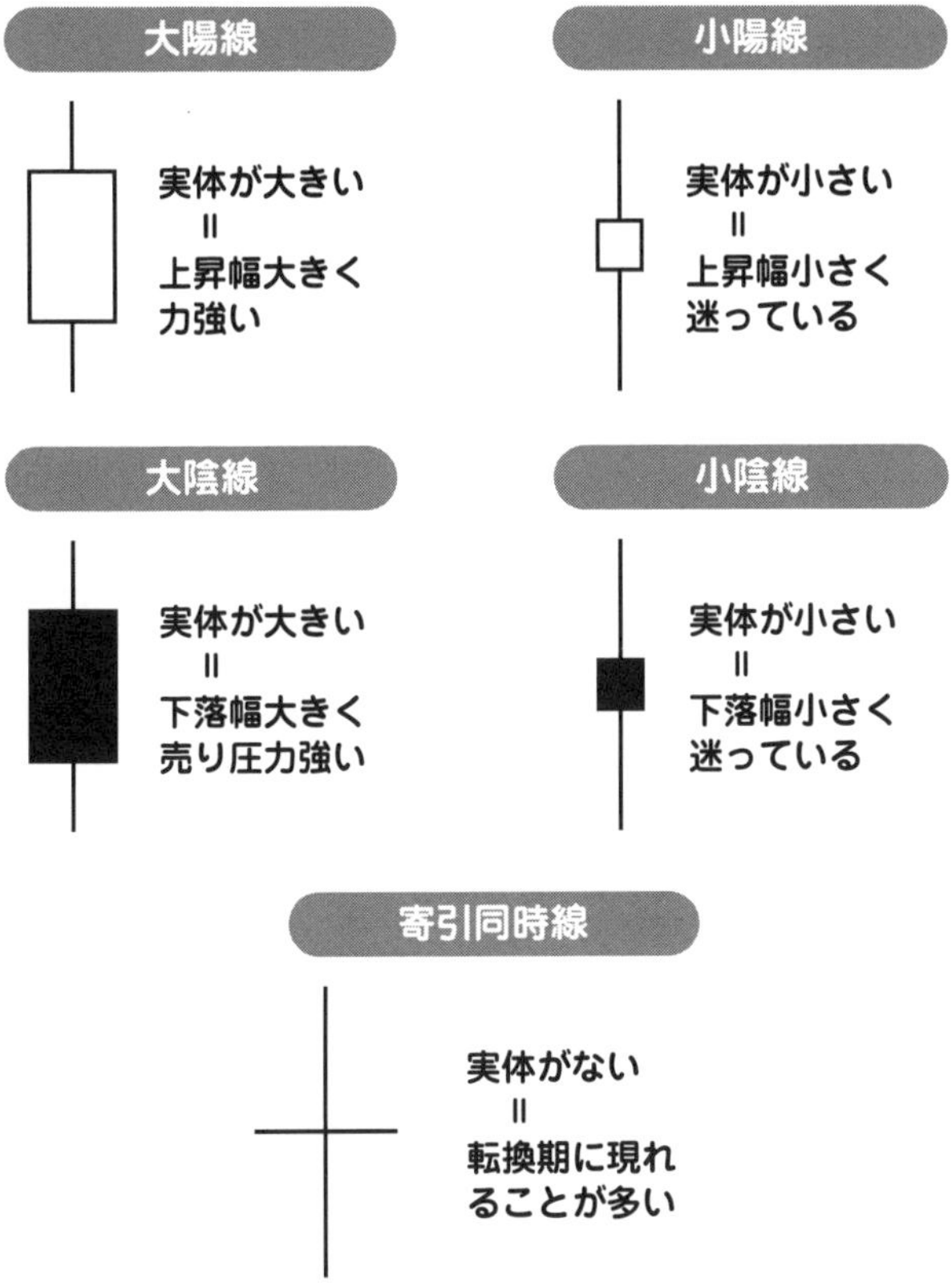
大陽線
実体が大きい
＝
上昇幅大きく
力強い
小陽線
実体が小さい
＝
上昇幅小さく
迷っている
大陰線
実体が大きい
＝
下落幅大きく
売り圧力強い
小陰線
実体が小さい
＝
下落幅小さく
迷っている
寄引同時線
実体がない
＝
転換期に現れ
ることが多い

POINT

ローソク足の意味は
大まかに覚えておけばOK

03

「移動平均線」で株価のトレンドを確認する

移動平均線とは、日・週・月など一定期間の株価の動きを平均化した折れ線グラフで、株価のトレンドを表しています。よく使われる移動平均線には、日足の株価チャートでは5日、10日、25日、週足の株価チャートでは13週、26週などがあります。たとえば、5日の移動平均線は、当日を含めた直近5日間の株価を平均した数値を線にしたもので、10日の移動平均線は、当日を含めた直近10日間の株価を平均した数値を線にしたものです。ちなみに、「よく何日を利用しますか？」と聞かれますが、**私はどの株価チャートでも、あらかじめ設定されているもので十分だ**と思っています。

移動平均線は、当日を含めた過去の一定期間の株価を平均した数値ですから、株価に遅れて動くという特徴があります。たとえば、株価が上昇すれば後から移動平均線が上昇し、株価が下落すれば移動平均線が後から下落します。さらに、計算する期間が長いほど平均化されるため遅れて動くことになりますので、短期間の移動平均線が株価の距離と近くなります。

図03-1 ▶ 移動平均線でトレンドを見る

移動平均線の動きでトレンドを把握する

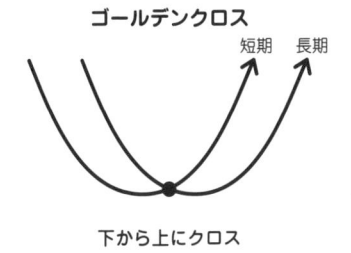

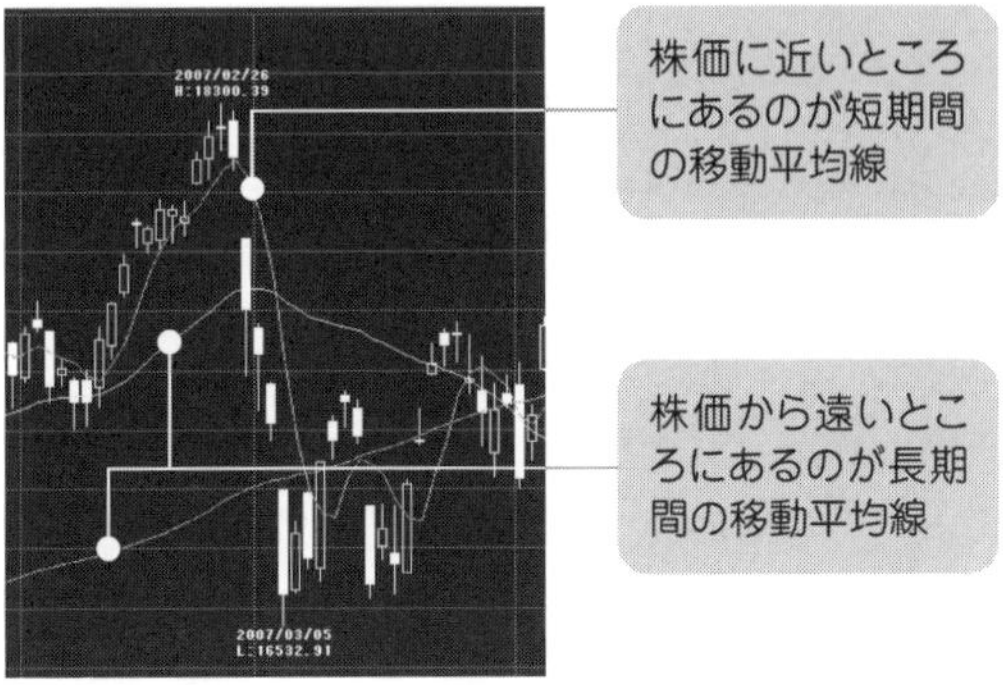
2007/02/26
H:18300.39
2007/03/05
L:16532.91
株価に近いところにあるのが短期間の移動平均線
株価から遠いところにあるのが長期間の移動平均線

ゴールデンクロス

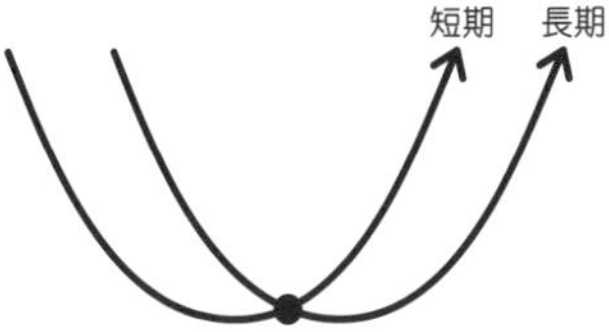
短期
長期

下から上にクロス

デッドクロス

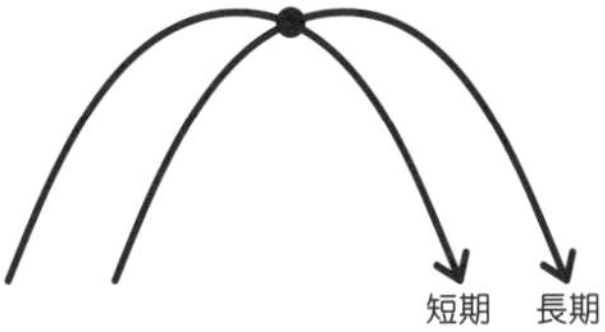
短期
長期

上から下にクロス

POINT

ただし移動平均線は株価より遅れて動いているので参考程度に

移動平均線の動きで売買タイミングを分析できる

移動平均線では、期間の異なる２本の線の動きから、売買タイミングを分析できます。期間の短い移動平均線が期間の長い移動平均線を下から上に突き抜けると「ゴールデンクロス」となり、買いシグナル。反対に、期間の短い移動平均線が期間の長い移動平均線を上から下に突き抜けると「デッドクロス」となり、売りシグナルとされています。ただし、移動平均線が株価に遅れて動くという特徴上、買いシグナルと売りシグナルは遅れて現れることが多くなります。そのため、買いシグナルと売りシグナルが現れた時には、すでに株価が反転していたという場合があります。

さらに、移動平均線と株価の位置関係からも売買タイミングを分析することができます。これを「グランビルの法則」と言い、買いシグナルが４つ、売りシグナルが４つあります。買いシグナルの場合には移動平均線が上昇傾向にあること、そして、売りシグナルの場合には、移動平均線が下落傾向にあることが基本になります。**個人的には、ゴールデンクロスやデッドクロスは取引が正しかったかを確認するために利用する程度で、グランビルの法則の方をよく利用します。**

図03-2 ▶ グランビルの法則

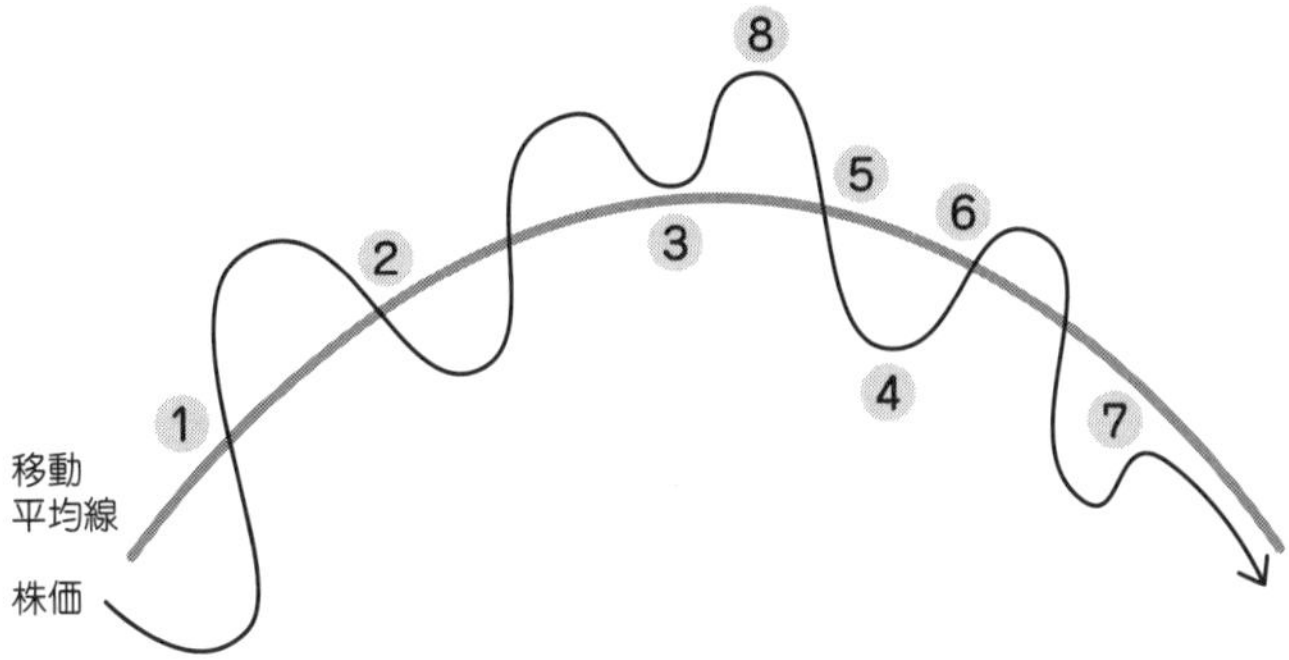

買いシグナル

1 移動平均線が下降から横ばい、もしくは上昇に転じ、かつ株価が移動平均線を下から上に突き抜けた時

2 移動平均線が上昇している時に、株価が移動平均線を上から下に突き抜けた時

3 移動平均線が上昇している時に、移動平均線よりも上にある株価が少し下落したものの、移動平均線の下に突き抜けることなく再び上昇した時

4 移動平均線が下落している時に、株価が移動平均線よりも下に大きく下落した時

売りシグナル

5 上昇していた移動平均線が横ばい、もしくは下落に転じ、かつ株価が移動平均線を上から下に突き抜けた時

6 移動平均線が下落している時に、株価が移動平均線を下から上に突き抜けた時

7 移動平均線が下落している時に、移動平均線よりも下にある株価が上昇してきたものの、移動平均線の上に突き抜けることなく再び下落した時

8 移動平均線が上昇している時に、株価が移動平均線よりも上に大きく上昇した時

POINT

移動平均線と株価の位置関係に注目して、売買タイミングを分析しよう!

04

「MACD」で売買タイミングを分析する

「ＭＡＣＤ」とは、移動平均線から算出された２本の線を使って売買のタイミングを分析するための株価チャートです。Moving Average Convergence and Divergence の略で、マックディーと呼ばれています。

ＭＡＣＤの２本の線は、直近の株価の方が影響力が高いだろうという考えから、直近の株価の動きにウエイトをおいて計算されています。

短期間の線のことを短期平滑平均と言い、ＭＡＣＤ（実線で表されることが多い）になります。そして、長期間の線のことを長期平滑平均と言い、シグナル（点線で表されることが多い）になります。図を見ればわかりますが、株価の動きに合わせてまず短期平滑平均が動き、それを追いかけるようにして長期平滑平均が動く仕組みになっています。難しく考えなくても、移動平均線のようなものというイメージで大丈夫です。

図04-1 ▶ MACDは2本の線で表される

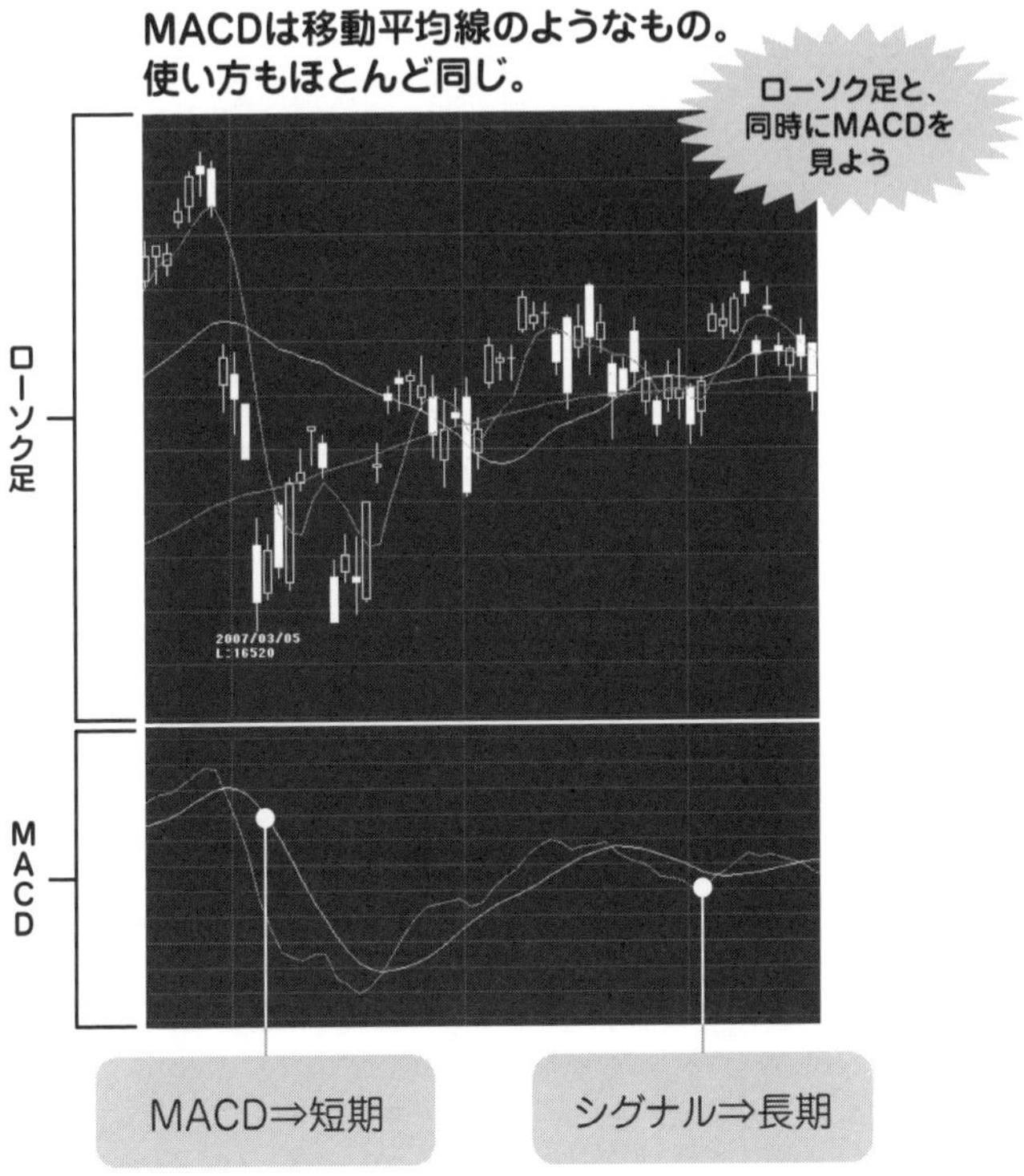
MACDは移動平均線のようなもの。
使い方もほとんど同じ。
ローソク足と、同時にMACDを見よう
ローソク足
MACD
2007/03/05
L:16520
MACD⇒短期
シグナル⇒長期

2本の線の動きで売買タイミングを分析する

POINT

株価とMACDを並行して見て、分析することが大切

売買タイミング、トレンドが一目でわかる

ＭＡＣＤは、短期平滑平均と長期平滑平均の２本の線の動きから、株価のトレンドやトレンドの転換点を分析することができます。

具体的には、２本の線がクロスすることで売買のタイミングを分析します。短期平滑平均が長期平滑平均を上抜くポイントを買いサインとします。これがゴールデンクロスです。反対に、短期平滑平均が長期平滑平均を下抜くポイントを売りサインとします。これがデッドクロスです。見るだけでわかりますので、とてもわかりやすい分析方法と言えます。

ただし、２本の線自体が株価に遅れて動いているため、売買サインは遅れて発生するという欠点もあります。**リスクをあまりとりたくないという場合には、売買サインの発生を確認したほうがリスクが少なくなるとは思います。**

また、短期平滑平均がゼロライン以上とゼロライン以下のどちらに位置しているかで、売り時と買い時とに区別するという分析方法もあります。個人的には、この分析方法はまったく利用していません。

図04-2 ▶ MACDで売買タイミングを分析する

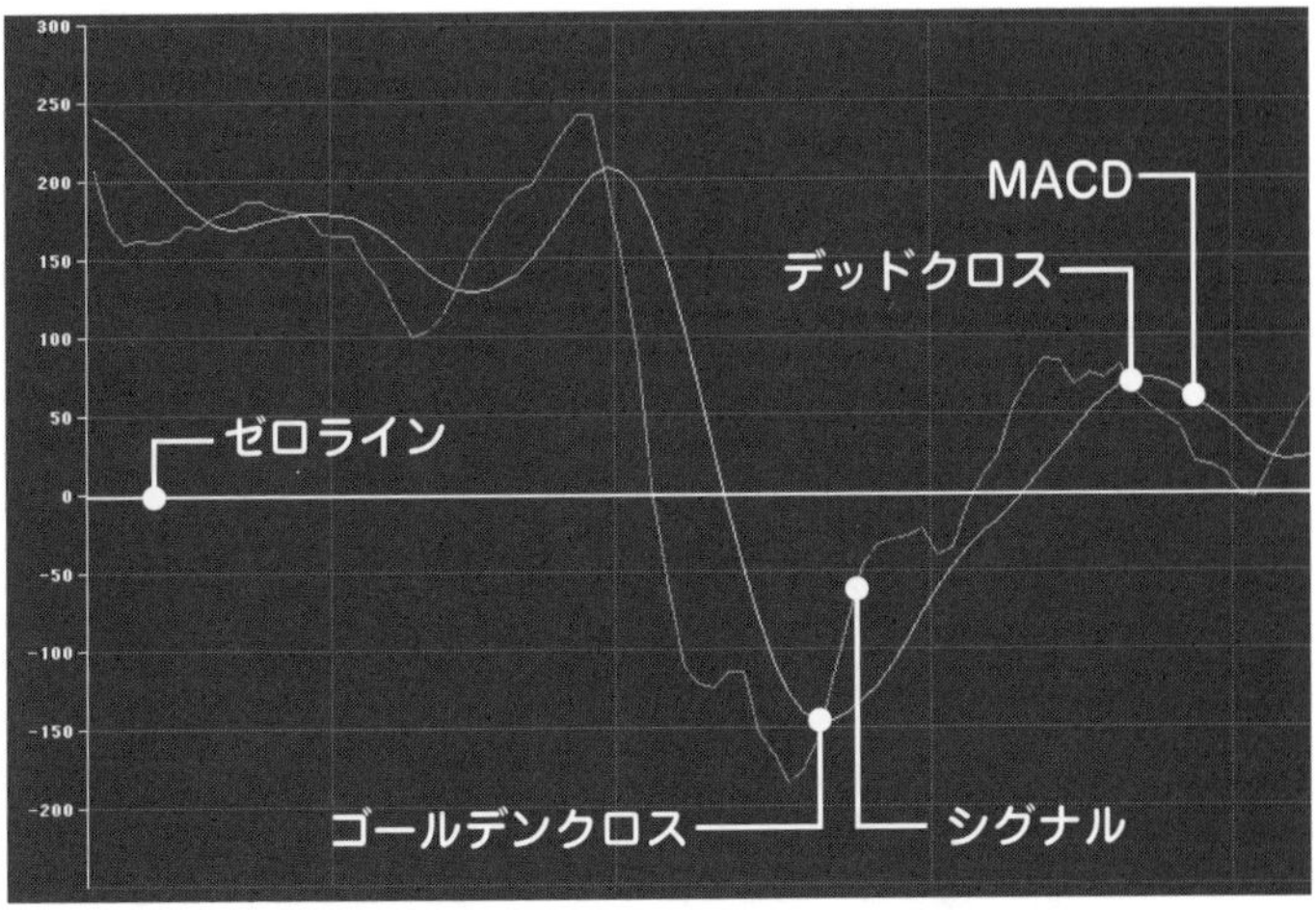

**移動平均線同様、MACDも株価から遅れて動く。
そのため、判断するというよりも参考程度がよい**

**売買サインを確認しようとすると、
多少売買タイミングがずれるという欠点もある**

05

「一目均衡表」で株価のトレンドをつかむ

一目均衡表とは、株価を表すローソク足の他に、転換線、基準線、遅行線、先行スパン上、先行スパン下から構成される株価チャートです。図を見てわかるように、ごちゃごちゃした株価チャートではありますが、それは、先行スパン上と先行スパン下に挟まれて色がついた部分の雲があるからでしょう。雲は他の株価チャートにないため、最初は違和感を感じるかもしれません。しかし、一目均衡表では、売買タイミングやトレンドを分析する際に、雲の厚さや位置がとても重要な役割を果たしています。

具体的には、**雲の範囲が厚ければ抵抗力が強く、薄ければ抵抗力は弱いという風に分析することができます。さらに、株価が雲の下にある場合は雲が上値抵抗線として、そして、雲の上に株価がある場合は雲が下値支持線として機能します。**そのため、一般的には、株価が雲の上にあると上昇トレンド、株価が雲の下にあると下落トレンドという風に考えられています。

また、雲を形作っている先行スパン上と先行スパン下は絶えず動いていて、クロスする

図05-1 ▶ 一目均衡表は、こう見る!

雲の厚さと株価と雲の位置、それぞれの線との関係から株価のトレンドを確認できる

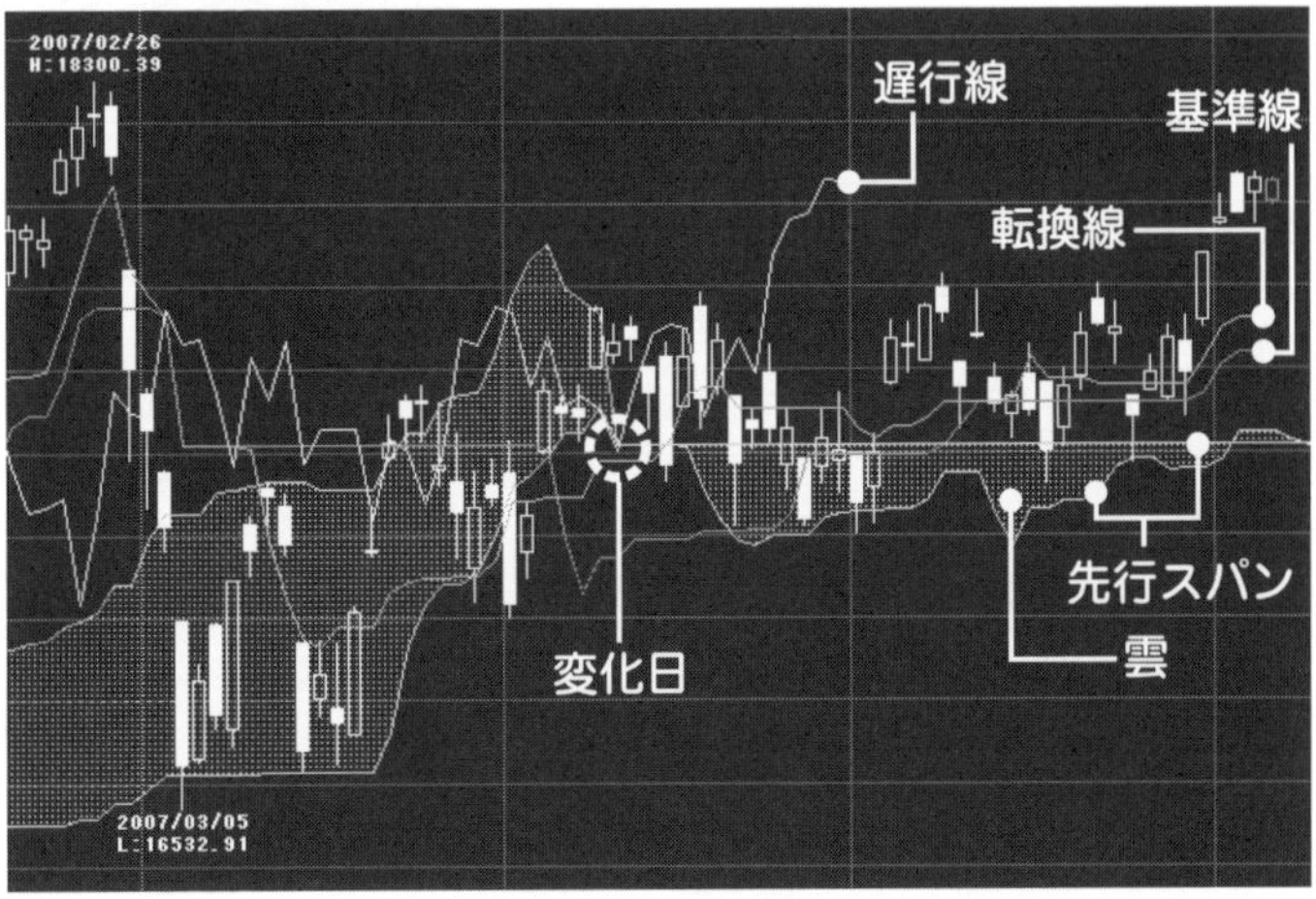

雲と株価は一目見ただけでわかるので便利

POINT

慣れるまでは見づらいが、それぞれの線がどれか覚えてしまおう!

時があります。このクロスした時を変化日と言い、相場のターニング・ポイントになりやすいと考えられています。

売買タイミングもわかる！

この一目均衡表でも、売買タイミングを分析することができます。たとえば、株価が雲の上にあり、かつ転換線が基準線の上にあり、遅行線が26日前の株価を上抜いた時を「三段好転」と言い、買いサインとされています。また、転換線が基準線を上抜いた時や、株価が雲の下方に位置している状態から雲を力強く上抜いた時なども買いサインとされています。反対に、転換線が基準線を下抜いた時や、株価が雲を下に突き抜けた時などが売りサインとされています。

また、遅行線と株価との位置関係によっても、株価のトレンドを確認できます。株価が上昇トレンドにある場合、遅行線は株価の上方に位置し、下落トレンドにある場合は株価の下方に位置することになります。そして、遅行線が株価の上下どちらかに突き抜けた場合には、トレンドが転換した可能性も考えられます。**個人的には、一目均衡表は、株価と雲の位置関係を見て、株価のトレンドを確認する時によく使います。**

ポイント2　実際に買うときに私がチェックする指標はコレ!

図05-2 ▶ 一目均衡表で株価トレンドを確認する

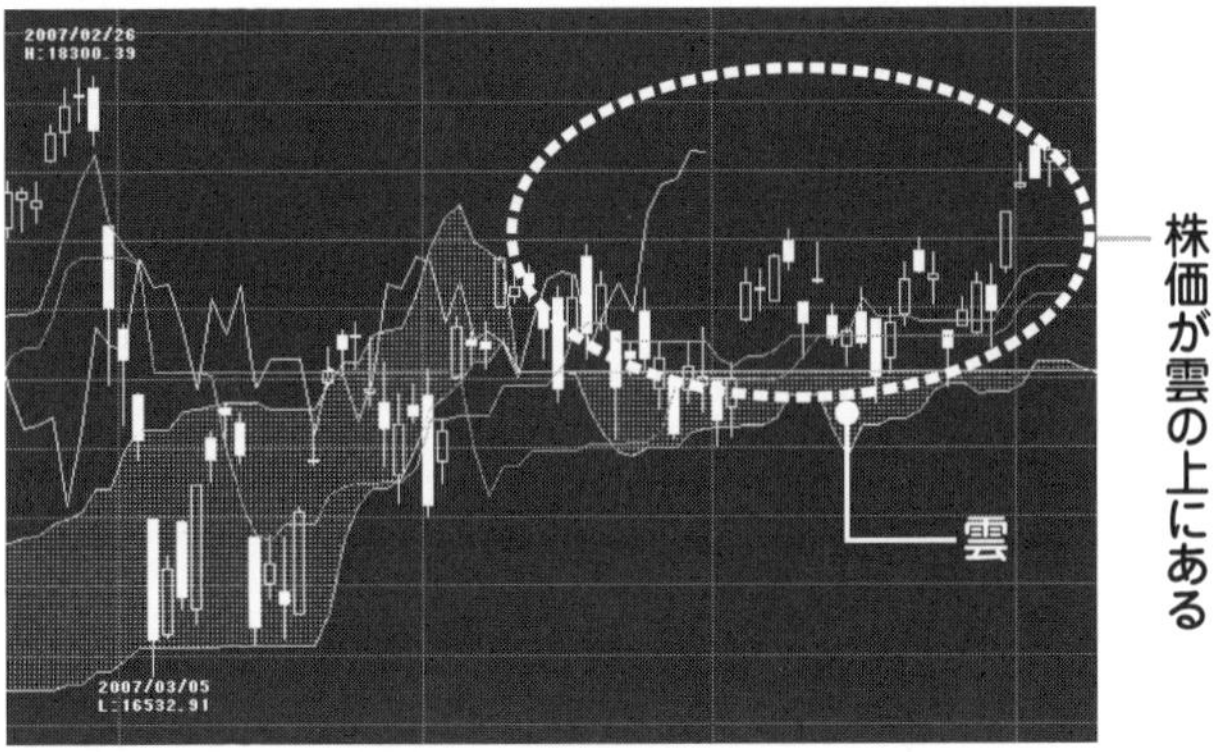

全体的に、株価が雲の上にあるため、上昇トレンドと分析できる

逆に株価が雲の下に突き抜けると、弱いトレンドに転換した可能性があると分析できる

POINT

トレンドが変化していないか、株価と雲の位置関係を確認しよう

06

「ボリンジャーバンド」で株価の過熱感を見る

「ボリンジャーバンド」とは、株価の「買われすぎ」「売られすぎ」をみるチャートです。ミッドバンドと呼ばれる移動平均線を中心に、上下にプラス・マイナス１σ（シグマ）、プラス・マイナス２σの、計５本の線（バンドと言います）で表示される株価チャートです。

株価は日々動いていますので、外側のバンドに位置したり、真ん中のバンドに位置したりと移動しますが、多くの場合は５本のバンドの中に表示されます。一番外側の線であるプラス・マイナス２σまでの中に、約95％程度の確率で株価が入るとされています。

一般的に、プラス2σのバンドに近づくほど株価が買われすぎの状態にあり、マイナス2σのバンドに近づくほど株価が売られすぎの状態にあることを表しています。そのため、上下どちらでも、外側のバンドに株価が近づくと反転しやすいとされています。

図06-1 ▶ ボリンジャーバンドで過熱感を見る

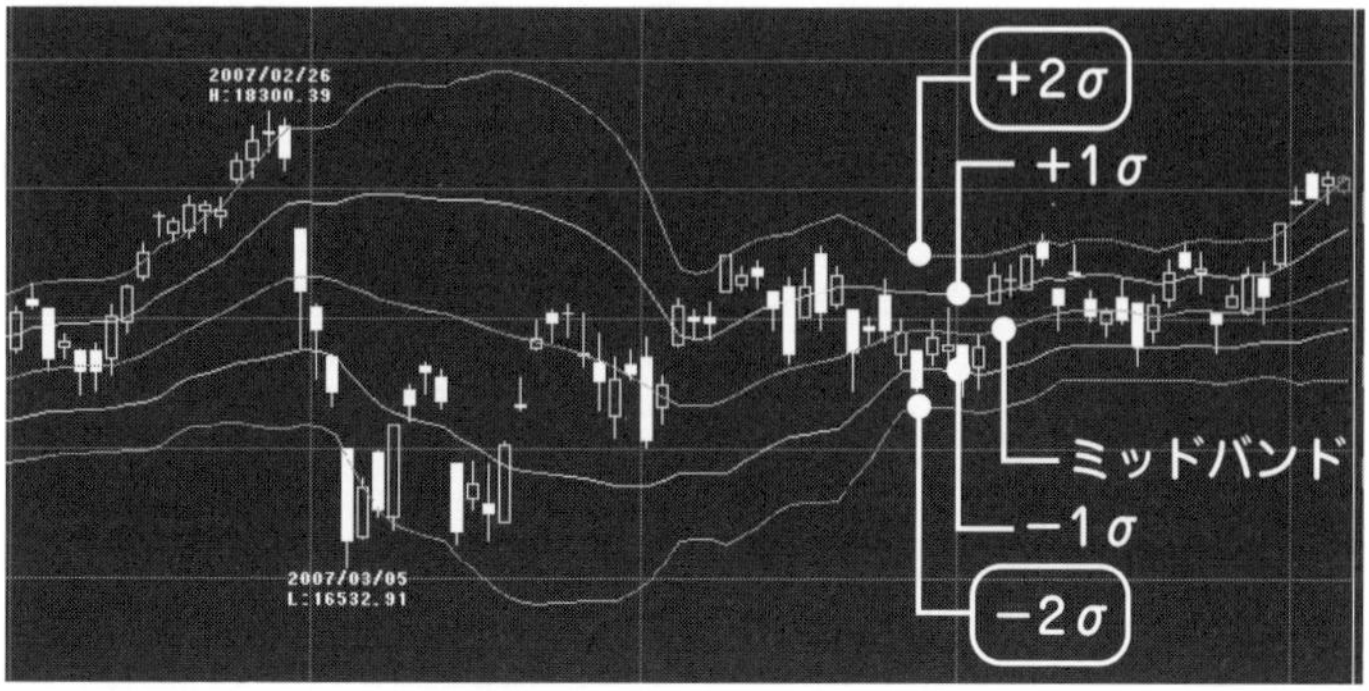

株価はほとんど±2σの中に入る。
そして、株価は±2σのあたりに近づくと反転しやすいとされている。

株価がどこに位置しているのかで、株価の過熱感を見ることができる。

POINT

株価が外側のバンドに近づくと、反転のタイミングが近づいている

新しいトレンドの発生を考えてみよう

通常、ボックス相場の場合には、バンド幅はほぼ一定幅で推移します。そのため、マイナス２σで買い、プラス２σで売るという取引を繰り返すことで、比較的簡単に儲けることができるわけです。

しかし、この5本のバンドはいつも同じ幅ではなく、狭くなったり、広くなったりしていることが図を見ればわかると思います。このようにバンドが広がる時には、新しいトレンドが発生する可能性があることになります。バンドが広がろうとしている時には、株価がどこに位置しているのかに注意しておくことが大切です。

もしバンドが変化した時に運悪く悪材料が出れば、マイナス２σに沿って下落する可能性があるからです。この場合には、下に広がったバンドに沿って株価が推移することになりますので、下落トレンドが発生したと考えることができます。反対に、好材料が出ればプラス２σに沿って上昇する可能性があります。この場合には、上に広がったバンドに沿って株価が推移しますので、上昇トレンドが発生したと考えることができます。

図06-2 ▶ バンドの動きに注意しよう

バンドは狭くなったり、広くなったりしている

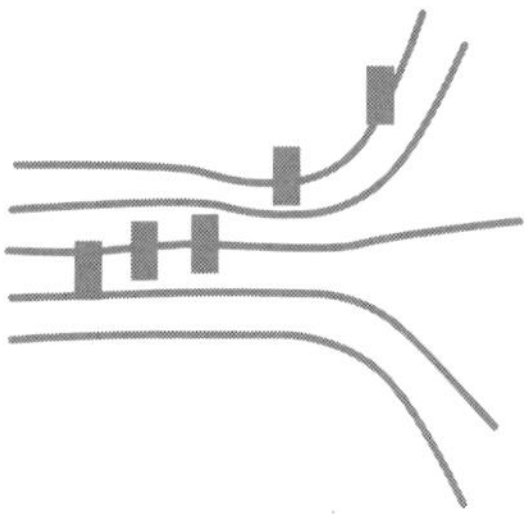

広がるタイミングで株価が$+2\sigma$のところにあると、$+2\sigma$にそって動く可能性がある。

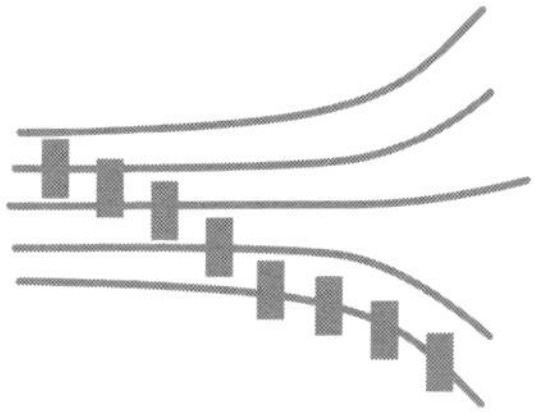

広がるタイミングで株価が-2σのところにあると、-2σにそって動く可能性がある。

バンドの幅が変化しないか、常に確認しておこう!

07 「RSI」で株価の過熱感を見る

「ＲＳＩ（アールエスアイ）」は、過去一定期間の株価の上昇と下落の変動幅における上昇の割合を指している株価チャートです。オシレーター系（振幅を測る）の分析方法の１つで、**売られすぎか買われすぎかを判断するために活用することができます**。相対力指数とも呼ばれています。

ＲＳＩでは、株価が上昇から下落に、下落から上昇に変わる変化のタイミングを素早くとらえることができる特徴があります。そのため、ボックス相場の時に利用すると有効に機能するとされています。一方で、株価が大きく下落、上昇という風にトレンドが生じている場合には、ＲＳＩはあまり機能しないとされています。

私がＲＳＩをどのように利用しているのかと言うと、その時の株価水準が、買われすぎなのか、それとも売られすぎなのかを把握するためです。オシレーター系の株価チャートには、他にはストキャスティクスなどがあります。私は、ＲＳＩとストキャスティクスの両方を使う時もありますが、経験から言ってどちらでもよいように思っています。

ポイント2　実際に買うときに私がチェックする指標はコレ!

図07-1 ▶ RSIで過熱感を見る

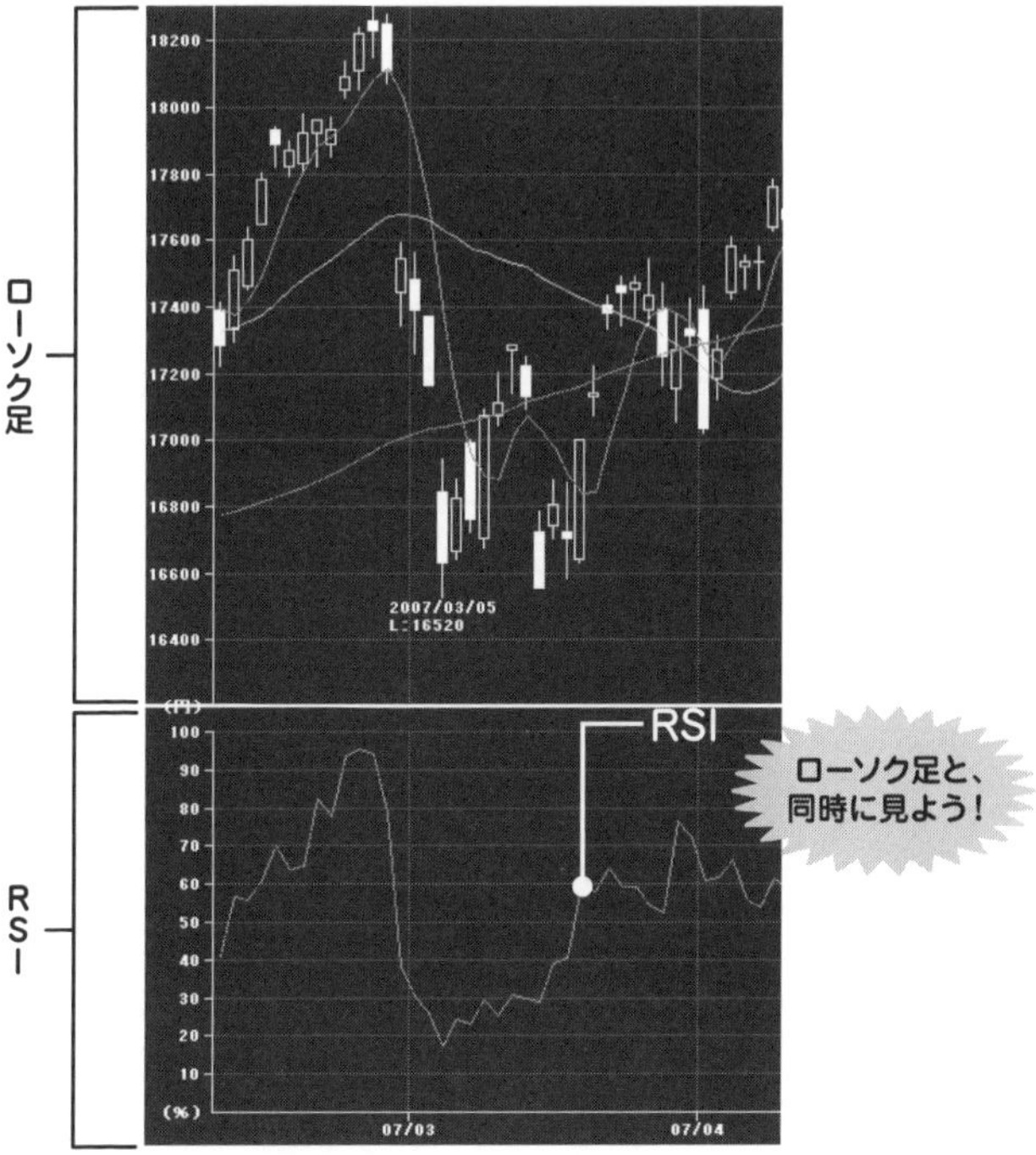
ローソク足
RSI
RSI
ローソク足と、
同時に見よう!
2007/03/05
L:16520
(円)
(%)
07/03
07/04

RSIで、株価の過熱感をみる。
ボックス相場の時に有効に機能するとされている

※他のオシレーター系にはストキャスティクスもあるのでそれでもよい

POINT

オシレーター系のチャートは、ボックス相場の時に利用すると、売買タイミングを分析しやすい

株価が高値圏か、それとも安値圏かを見る

ＲＳＩは、０％から１００％の数値で表されます。数値が低く０％に近いほど売られすぎ、数値が高く１００％に高いほど買われすぎを表しています。つまり、ＲＳＩが０％に近づくほど安値圏（売られすぎ）の水準にあることを、反対に、１００％に近づくほど株価が高値圏（買われすぎ）の水準にあることになります。一般的には、30％割れは売られ過ぎの水準、そして70％超えは買われ過ぎの水準と考えられています。

個人的には、**買いを考える時には、20％に近づけば売られすぎ＝買いのチャンスという風に考えています**が、売りを考える時は70％という数値にこだわらずに売却しています。また、株価が下落しているのにＲＳＩが上昇する、つまり、株価とＲＳＩが反対の方向に動く場合があります。これをダイバージェンスと言うのですが、私はまったく考慮していません。

図07-2 ▶ RSIで買われすぎ、売られすぎを判断する

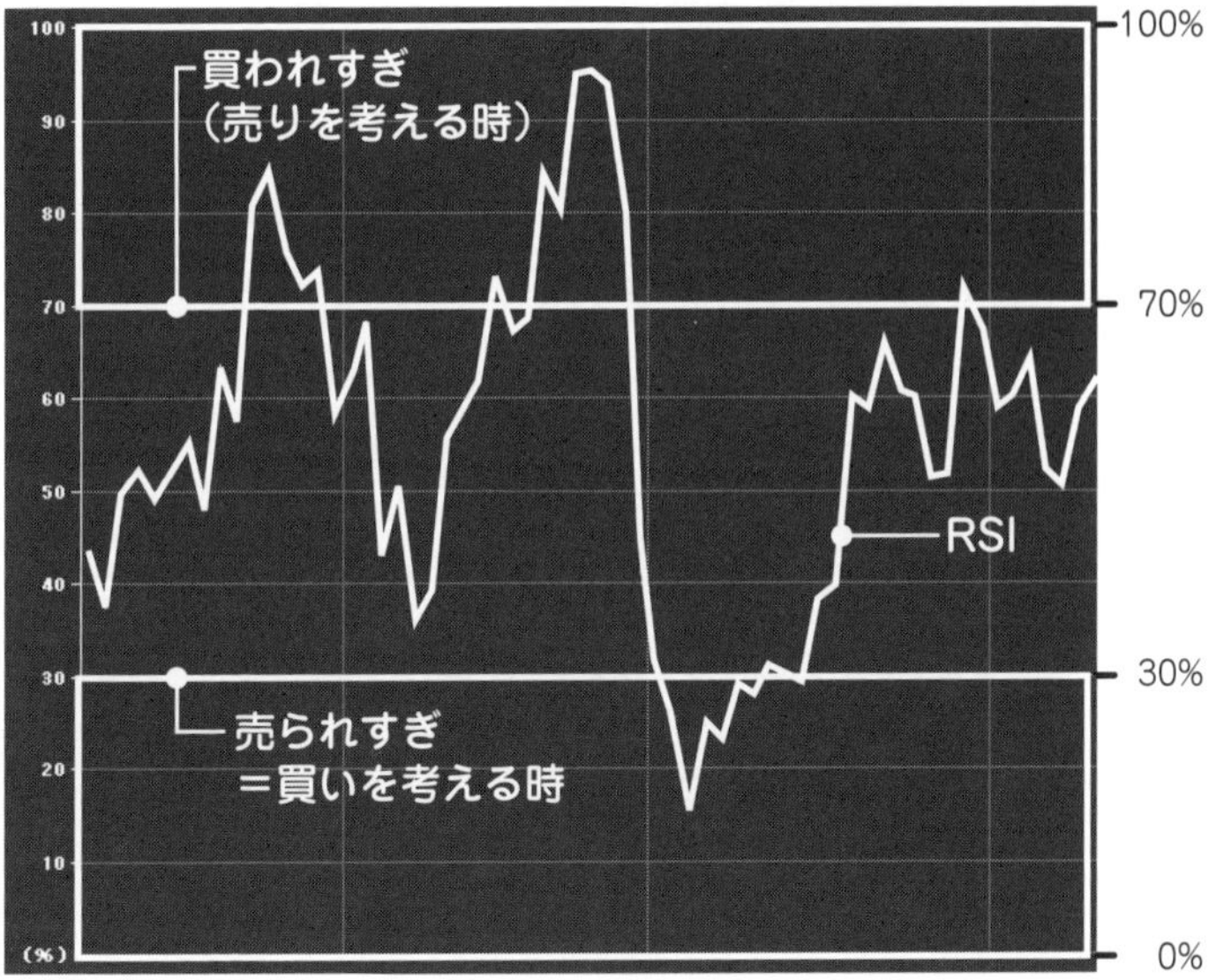

70%以上が買われすぎ
30%以下が売られすぎの目安になる

数値はあくまでも目安なので、
自分の投資スタイルに合わせて設定しよう

第3章

ポイント3

株価に影響大!
私が株取引の時に
気にする情報はコレ!

01

日本国内の景気動向や企業業績をチェックしよう！

私は、普段の売買は株価チャートを利用していますが、株式市場の大きなトレンドはファンダメンタルズで形作られると考えていますので、大きなトレンドを分析したい時には、日本の景気動向や企業業績などをみてファンダメンタルズ分析を行うようにしています。

日本国内の景気や企業の動向については、日本に住んでいますので、様々な情報にいつでもふれることができます。**特に、個人消費を中心とした景況感については、たとえば「いつ行っても飲食店が混んでいる」「道路がよく渋滞するようになった」など、自分が肌で感じる実感が一番重要だと考えています。**エコノミストやアナリストなどと呼ばれている人たちは一般的に、自分で株を売買しているわけではありません。会社からお給料をもらって、自分の考えから景気などを分析して解説しているだけです。予測が外れたからといって損をするわけではありません。自分のお金で株を取引していない人の解説は参考程度で十分です。私が日本国内のファンダメンタルズを分析する時に重要視しているのは、企業の生産動向や求人動向です。というのも、私たちの生活が今後どうなっていくのかの鍵を握っているからです。

図01▶私たちの生活重視で ファンダメンタルズを分析

お店に行列がいっぱい
store
すごいお店が混んでるなー
道
道も渋滞しているなー!!
経済全体で見るとこうなっている!
企業が活況
デパート
人手不足で雇用が活発
お給料が多く出たのでお買い物に行こう

生活に即した景況感を重視しよう

POINT

私が日本国内のファンダメンタルズを分析する時に重視しているのは「企業の生産動向」や「求人動向」です

02

アメリカの株式市場の動向をチェックしよう!

日本株を取引しているから日本国内の状況だけを分析しておけばいいと思っている人が多いかもしれません。もちろん日本の株式市場には、日本の景気動向や経済状態が反映されています。

しかし、すべての日本企業が日本国内だけで活動を行っているわけではありません。たとえば自動車会社であれば、外国に自動車を輸出したり、外国に工場を作って自動車を逆輸入したりしています。いまや企業の経済活動のグローバル化が急速に進んでおり、世界中の出来事が世界中の株式市場に影響を及ぼす状態にあり、日本の株式市場もその1つなのです。

特に、世界の中心的存在とも言えるアメリカの株式市場は世界の株式市場に大きな影響を与えており、**日本の株式市場は、アメリカの株式市場の動向に一喜一憂していると言っても過言ではありません**。翌日の日本の株式市場の動向を予測するためにも、アメリカの株式市場がどう動いたのかを把握しておくことはとても重要です。

図02-1 ▶ アメリカの株式市場を確認しよう

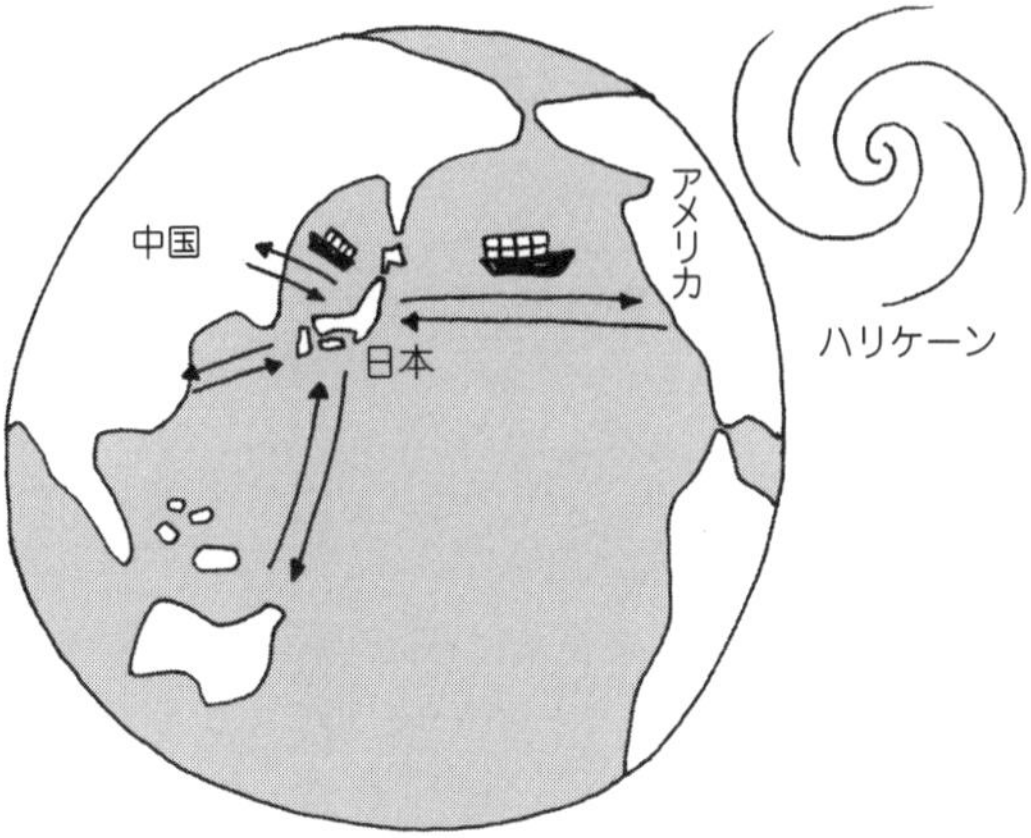

アメリカ株式市場が安定＝世界経済が順調

ハリケーンが発生するなどして
アメリカの生産活動が止まると

世界経済にダメージ

POINT

世界の親分であるアメリカの株式市場の動向は、世界経済に影響を与えるのでチェックしておこう

私が使う株価指数はコレ！

アメリカの株価指数には様々な種類がありますが、私が主に利用する株価指数は、「ＮＹ（ニューヨーク）ダウ」「ナスダック」「ＳＯＸ」「ＣＭＥ日経平均先物」です。たくさん見てもきりがありませんし、投資成果が上がるわけでもありません。**自分の取引に活かせる株価指数だけを見ればいいと思います。**「ＮＹ（ニューヨーク）ダウ」は、ＧＥやインテル、マイクロソフトといったアメリカの代表的な企業が上場しているアメリカの代表的な株価指数で、「ナスダック」はハイテク企業が上場している市場の株価指数です。「ＳＯＸ」はフィラデルフィア半導体株指数と言い、半導体関連企業で構成されている株価指数です。そして、「ＣＭＥ日経平均先物」は、ＣＭＥ（アメリカのシカゴ・マーカンタイル取引所のこと）で取引されている日経平均先物のことです。日本の株式市場が終わった後（＝始まる前）に取引されているため、その価格に大証の日経平均先物の価格が連動していることが多くあります。「ＮＹダウ」と「ＣＭＥ日経平均先物」は日本の株式市場全体に、「ナスダック」と「ＳＯＸ」は日本のハイテクセクターの株価に影響を与えることが多いので、日本の株式市場が寄り付く前には確認したほうがよいでしょう。

図02-2 ▶ 私がよく見る指数はコレ!

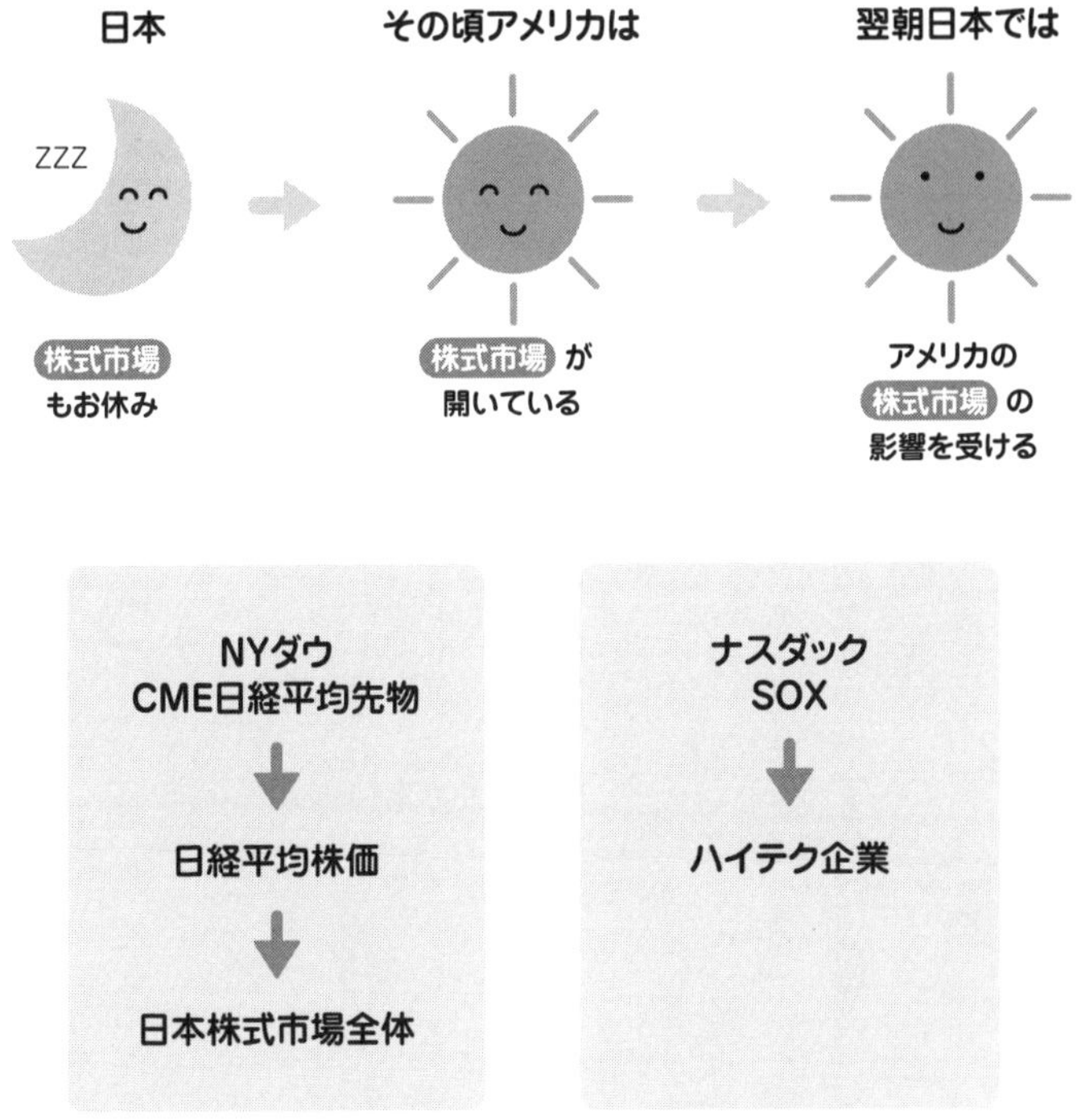
日本
ZZZ
株式市場
もお休み
その頃アメリカは
株式市場が
開いている
翌朝日本では
アメリカの
株式市場の
影響を受ける
NYダウ
CME日経平均先物
日経平均株価
日本株式市場全体
ナスダック
SOX
ハイテク企業

POINT

私は日本の指数をアメリカの指数とこんな風に比較しています

03

アメリカの景気動向でトレンドを予測しよう!

私は、日本と同じくらいアメリカ経済のファンダメンタルズを重要視しています。前述しましたが、アメリカの経済の視界が良好であれば、世界経済の視界も良好である可能性が高く、それは日本経済の視界良好にもつながるからです。それほど日本の株式市場はアメリカの株式市場の子分なのです。ただし、私は経済統計のデータを分析する専門家ではありませんので、ニュースなどから情報を得る程度のファンダメンタルズ分析です。それでも大きなトレンドの把握には十分に役立ちます。何もしないよりはマシです。長期的な視点に立ち、たとえば悲観的なニュースが出た時に本当にそれは悪材料なのかを分析できればよいのです。大量に流れるニュースをそのまま信じる必要はありません。

私が**アメリカ市場のファンダメンタルズを分析する時に重要視しているのは、住宅市場と金利の動向です**。これらの動向が、個人消費につながり、そして、マインドに影響を与えると考えているからです。まずは、これらの２つの指標を軸にファンダメンタルズ分析を行う程度でよいと思います。

ポイント3　株価に影響大！　私が株取引の時に気にする情報はコレ！

図03 ▶ アメリカの景気動向で重視するのはコレ！

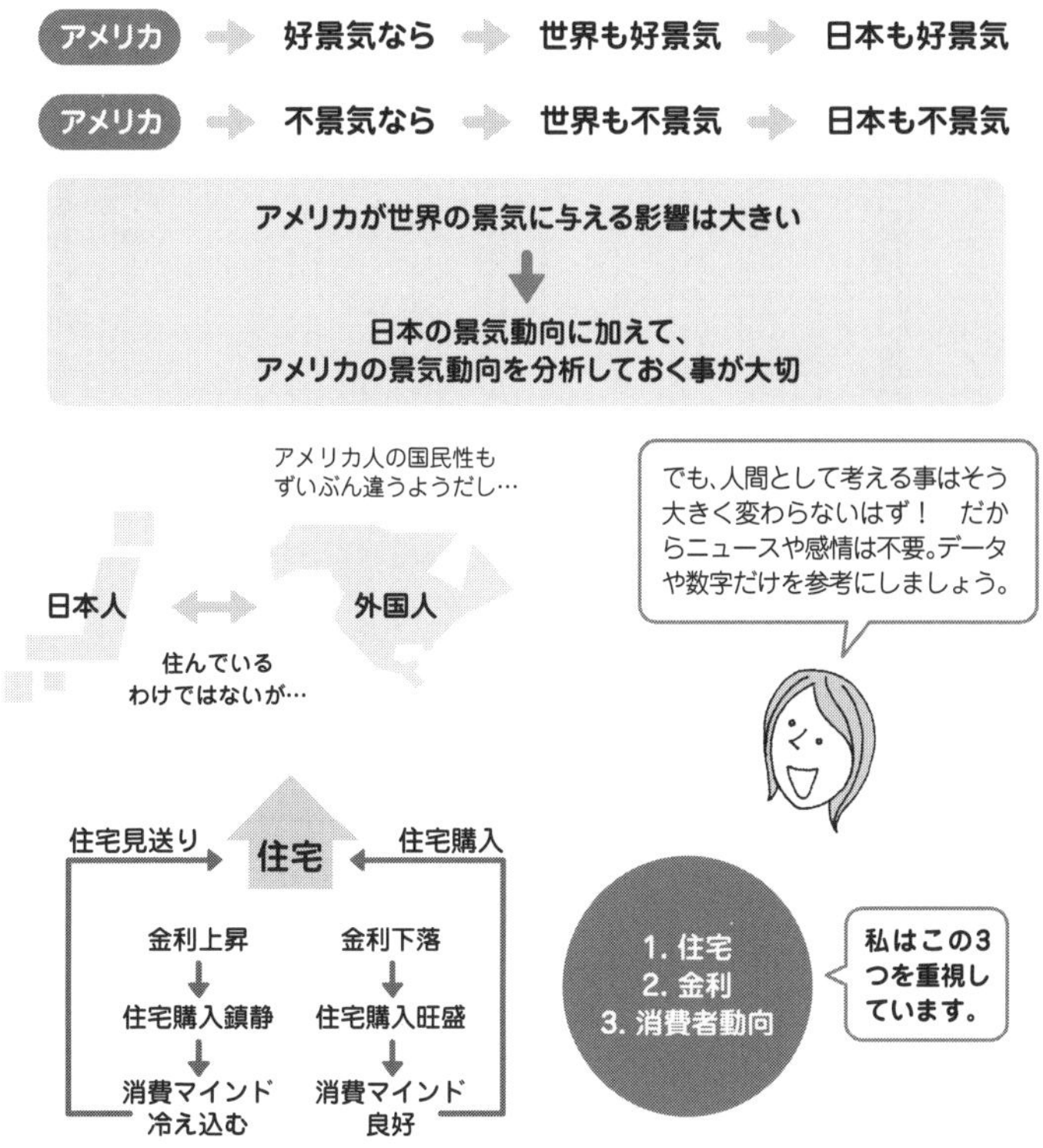
アメリカ
好景気なら
世界も好景気
日本も好景気
アメリカ
不景気なら
世界も不景気
日本も不景気
アメリカが世界の景気に与える影響は大きい
日本の景気動向に加えて、
アメリカの景気動向を分析しておく事が大切
アメリカ人の国民性も
ずいぶん違うようだし…
日本人
外国人
住んでいる
わけではないが…
でも、人間として考える事はそう大きく変わらないはず！　だからニュースや感情は不要。データや数字だけを参考にしましょう。
住宅見送り
住宅
住宅購入
金利上昇
住宅購入鎮静
消費マインド
冷え込む
金利下落
住宅購入旺盛
消費マインド
良好
1. 住宅
2. 金利
3. 消費者動向
私はこの3つを重視しています。

POINT

大きな流れで、
ファンダメンタルズをとらえることが大切

04 外国人投資家の動きと為替相場の動きを確認しよう！

日本の株式市場を動かす存在として注目しておきたいのが、外国人投資家です。外国人投資家が日本の株式市場に投入する資金規模は大きく、外国人投資家が買い越しなのかそれとも売り越しなのかが発表されるほどです。さらに私は、**外国人投資家の動向と同時に、為替相場の動向にも注目しています**。というのも、外国人投資家は外貨建てで日本株を売買するからです。

たとえば、米ドルで日本株を買った外国人投資家であれば、米ドル建ての価値で日本株を見ます。つまり日本株を買った外国人投資家が儲かっているのはいつなのか、為替相場と株式市場の動向を合わせて考えることが必要になるからです。

外国人投資家は円安が好き!?

外国人投資家から見た日本株の価値をわかりやすく考えてみましょう。たとえば、今のドル円相場が1ドル110円とします。これは米ドルに対しての円の価値を表していて、1ドル110円が120円に動けば円安に、1ドル100円になったら円高になります。

外国人投資家にとって円安になることは通常、日本株の価値が下がることです。つま

図04-1 ▶ 外国人のことも忘れずに!

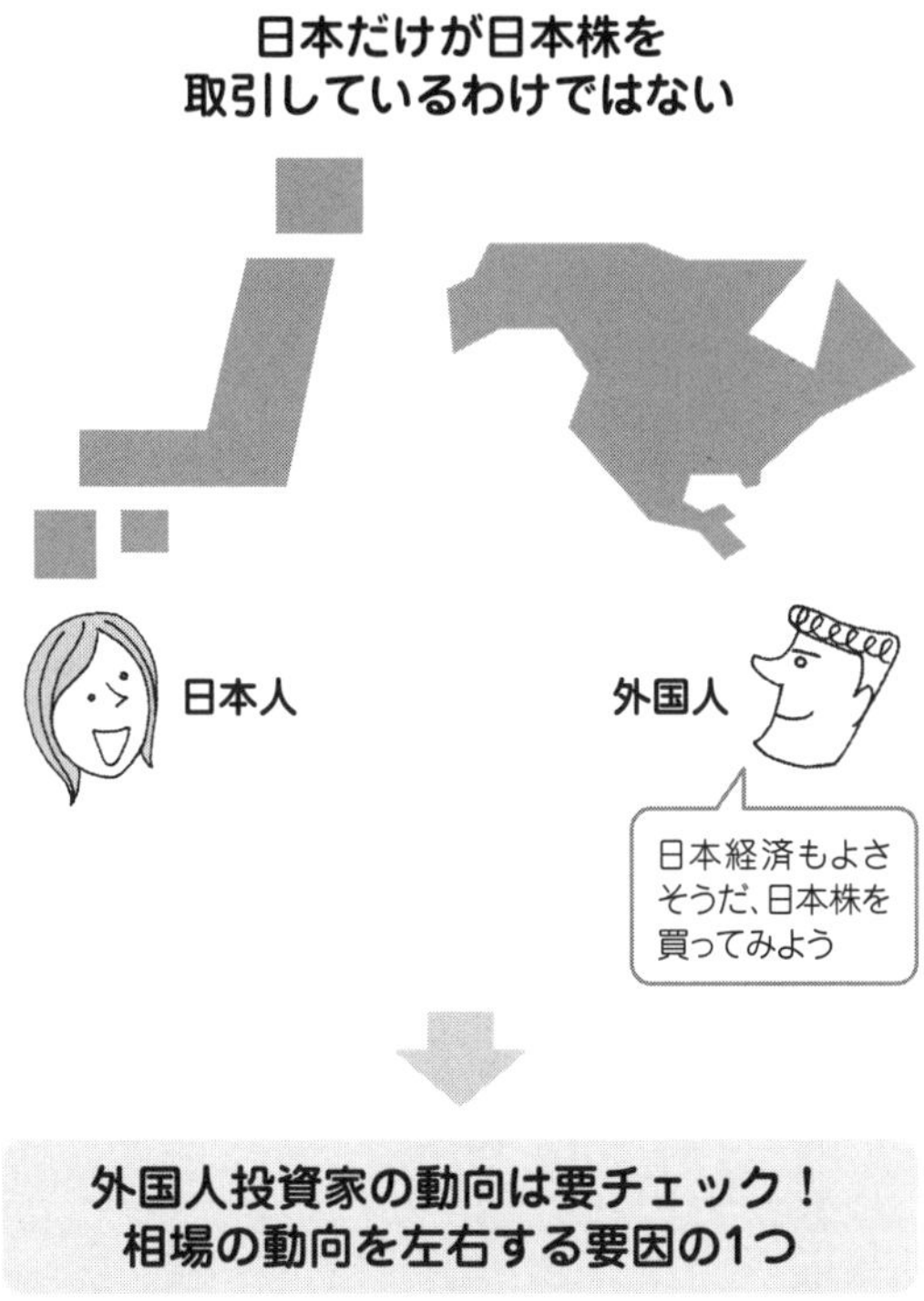
日本だけが日本株を
取引しているわけではない
日本人
外国人
日本経済もよさ
そうだ、日本株を
買ってみよう
外国人投資家の動向は要チェック！
相場の動向を左右する要因の1つ

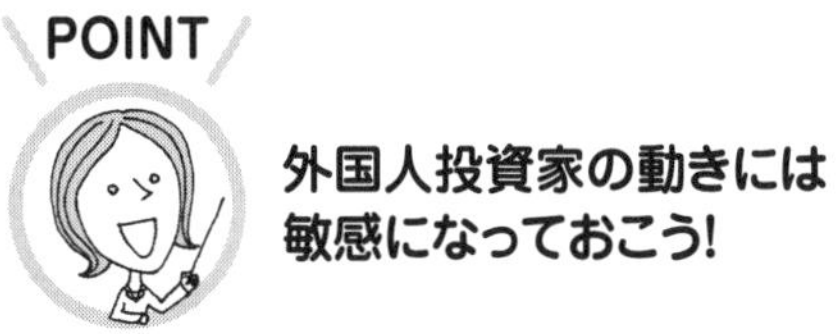
POINT
外国人投資家の動きには
敏感になっておこう!

り、損失が発生することになるので、株を売る傾向にあるという解説書も時折見受けられますが、私は逆のことも考えられると思っています。

株式投資では、安い時に株を買い、高い時に株を売るから儲けられるのです。この基本はどの通貨建てであっても同じです。外国人投資家も、米ドル建てで日本株が安い時に買いたいのではないでしょうか。

ドル円相場が円安になれば、米ドル建ての日本株の価値が下がる、つまり**日本株が安くなるから株を売る外国人投資家もいれば、米ドル建てで日本株が安い時に買いたい外国人投資家もいるのです**。たとえば、外国人投資家が、ドル円相場が１ドル１２０円の時に米ドル建ての日本株を買ったとします。仮に日本株の株価が１円も動かなかったとしても、ドル円相場が少しでも円高に動くだけで為替差益が発生して儲かるのです。そして、株価が上昇すればさらに儲かる仕組みになるのです。つまり、**為替相場が円安にあるということは、外国人投資家にとっては絶好の仕込み時でもある**ということになるのです。

外国人投資家の売買動向を考える時には、為替水準がいくらの時に日本株を買い、今後、為替相場がどのように動くのかも知っておくことがとても大事です。

ポイント3　株価に影響大!　私が株取引の時に気にする情報はコレ!

図04-2 ▶ 為替と株価の関係を確認しよう

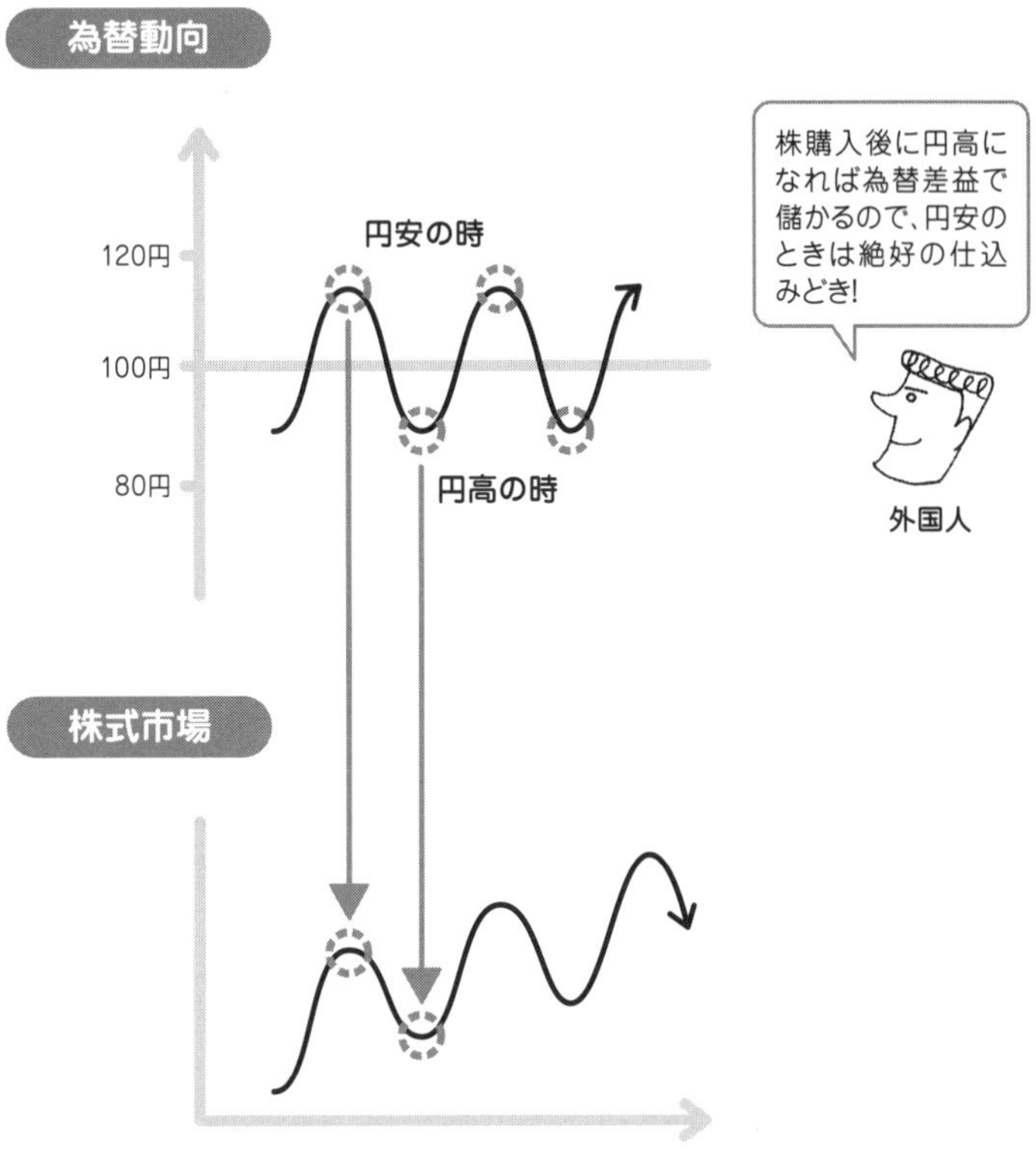
為替動向
120円
100円
80円
円安の時
円高の時
株購入後に円高になれば為替差益で儲かるので、円安のときは絶好の仕込みどき!
外国人
株式市場

POINT

為替相場がどの時に株価がどこに位置しているのかを確認しておこう

第4章

ポイント4
誰でもマネできちゃう、横山流シンプルな銘柄の選び方はコレ!

01

自分が好きな分野や興味のある分野から銘柄を探す

　私には小さな子供がいるため、パソコンに長時間向かうことはほぼ不可能です。おかげで、十分な時間を費やして銘柄を探したことはほとんどありません。こうした状況から、私は自分の好きな分野や興味のある分野から銘柄を選ぶことが多くあります。なぜ好きな分野や興味のある分野から銘柄を選ぶのかと言うと、興味のない分野の銘柄の取引には自信が持てないからです。**興味のある分野であれば、自分の経験や知識などから、その分野の現状がどういう状況で、今後どのようになっていくのかを予測することが比較的容易にできます。**今後の見通し次第で、株が買い時なのかそうでないのかを判断することができます。

　しかし、興味のない分野については、現状がどうなのか、そして今度どうなっていくのかを予測することは困難といわざるを得ません。予測が困難であれば、株が買い時なのかそうでないのかを判断することは難しく、その結果、自分の選んだ銘柄に自信を持つことができません。ですから、私は、株式投資を始めてから数年経った今でも、好きな分野や興味のある分野から銘柄を選ぶことを基本としています。

図01▶好きな分野から銘柄を探そう

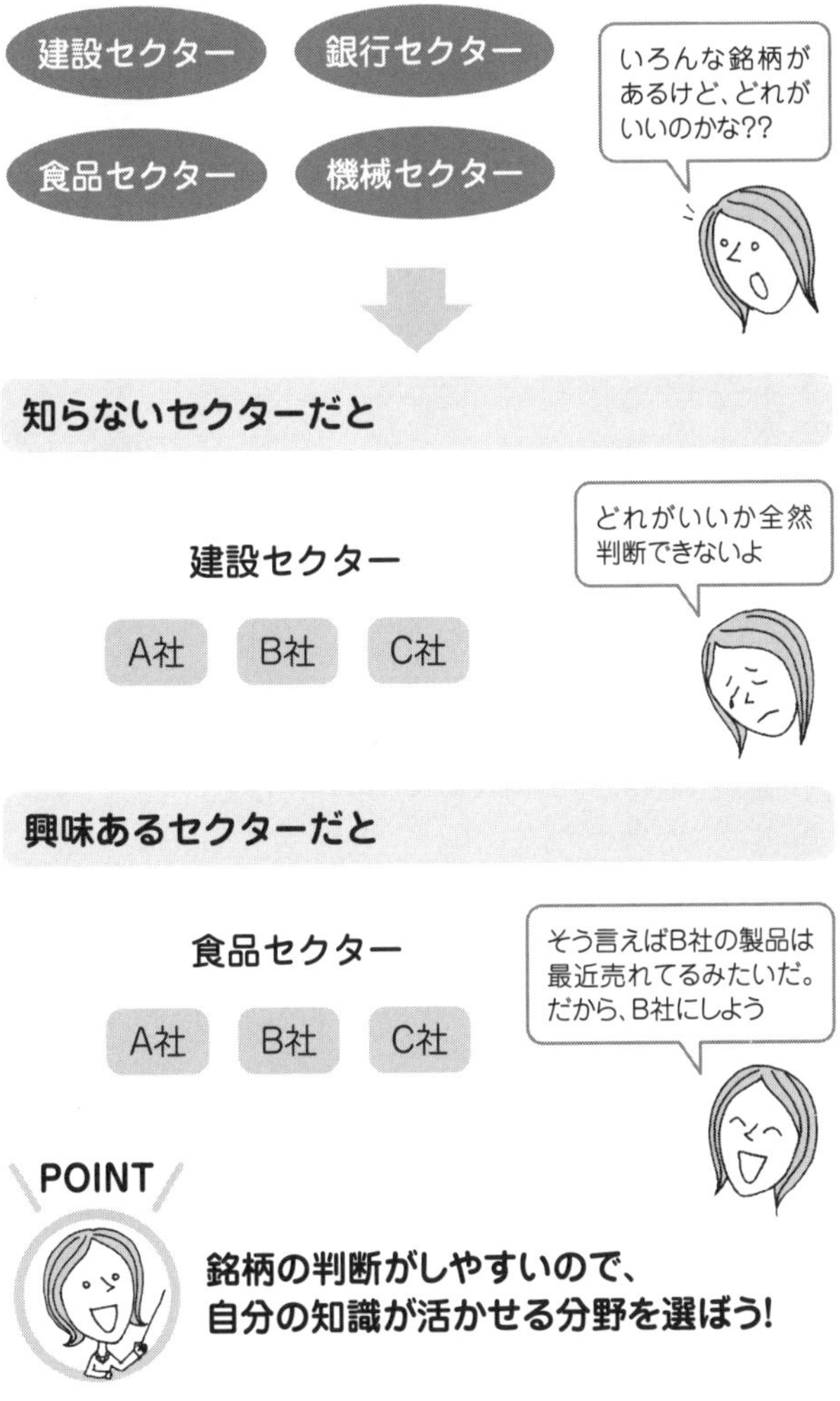
建設セクター
銀行セクター
食品セクター
機械セクター
いろんな銘柄があるけど、どれがいいのかな??
知らないセクターだと
建設セクター
A社
B社
C社
どれがいいか全然判断できないよ
興味あるセクターだと
食品セクター
A社
B社
C社
そう言えばB社の製品は最近売れてるみたいだ。だから、B社にしよう
POINT
銘柄の判断がしやすいので、自分の知識が活かせる分野を選ぼう!

02

世の中の流行やマーケットから新たなテーマを連想する

自分の好きな分野や興味のある分野から銘柄を探すと言うと、たとえば、車が好きだから自動車関連の銘柄を選ぶというのが一般的でしょう。この考え方は間違っていないのですが、私はそれに加えて「これから○○が流行しそう」といった視点を入れるようにしています。なぜなら、株で儲けるためには、多くの人の注目を集め、それが企業業績に貢献することが重要だと考えているからです。

私が過去に注目したテーマには、「インターネットのダイヤルアップ接続が今は普通だけど、今後は常時接続に変わるかもしれない」「今後は薄型の大型テレビが普及していくかもしれない」などがあります。

こうしたテーマは、たとえば外出した時に街中をあちこち観察したり、友達と会話をしたりという風に、普段の生活の中から探すようにしています。なぜなら、自分たちの実際の生活の中に新たな流行やトレンドが作り出されると考えているからです。ですから、できるだけ外出するなどしていろいろなものに触れることが大切だと考えています。

図02▶流れやトレンドを連想しよう

投資するセクターが決まったら･･･

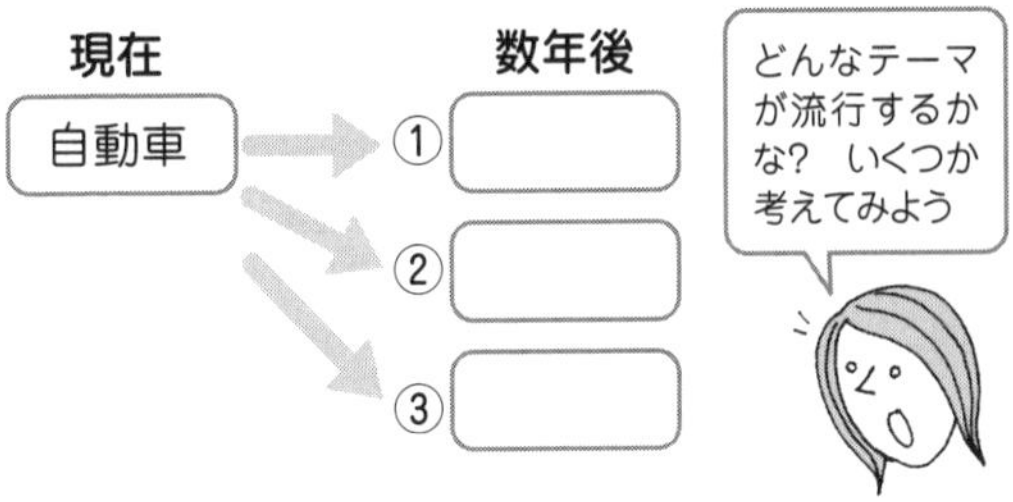
現在
数年後
自動車
①
②
③
どんなテーマが流行するかな？　いくつか考えてみよう

たとえば

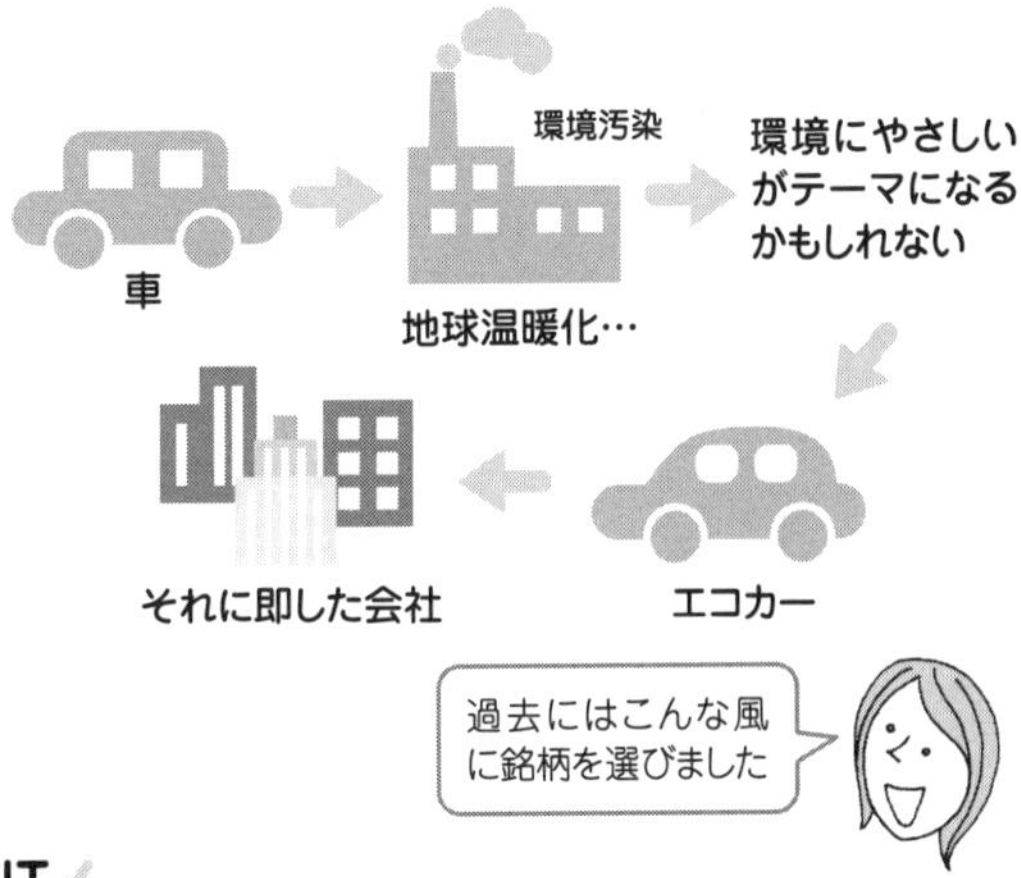
環境汚染
車
地球温暖化…
環境にやさしいがテーマになるかもしれない
エコカー
それに即した会社
過去にはこんな風に銘柄を選びました

POINT

中長期投資ではテーマ選びも重要!
普段の生活から見つけてみよう

03 スクリーニング機能を活用して銘柄を探す

株式市場には数千にものぼる銘柄が上場していますので、「どの銘柄を買おうかな」などと１つ１つの銘柄を吟味することははっきり言って不可能です。そこで、私が銘柄探しによく活用しているツールが「スクリーニング」です。スクリーニングは、様々な希望の条件で銘柄を機械的に、そして一瞬にして検索してくれる万能ツールです。

スクリーニングの方法としては、大きくわけて移動平均線などのテクニカル指標で絞り込む方法と、ＰＥＲなどのファンダメンタルズ指標を利用する方法があります。どちらの希望条件に重きをおくかで、スクリーニングを行う指標を決めればいいと思います。私は基本的に、株の解説書などでよく書かれている一般的な指標や数字を使ってスクリーニングを行います。様々な指標に対して自分なりの数値でスクリーニングを行ってもいいとは思いますが、**私は多くの人が使う数値を利用した方がいいだろうと考えているからです。**

なぜなら、株を買いたいと思う人が多ければ多いほど、株価が上がることになります。ということは、その株を多くの人に見つけてもらわないといけないことになります。多く

図03-1 ▶ スクリーニングは銘柄選びに欠かせない

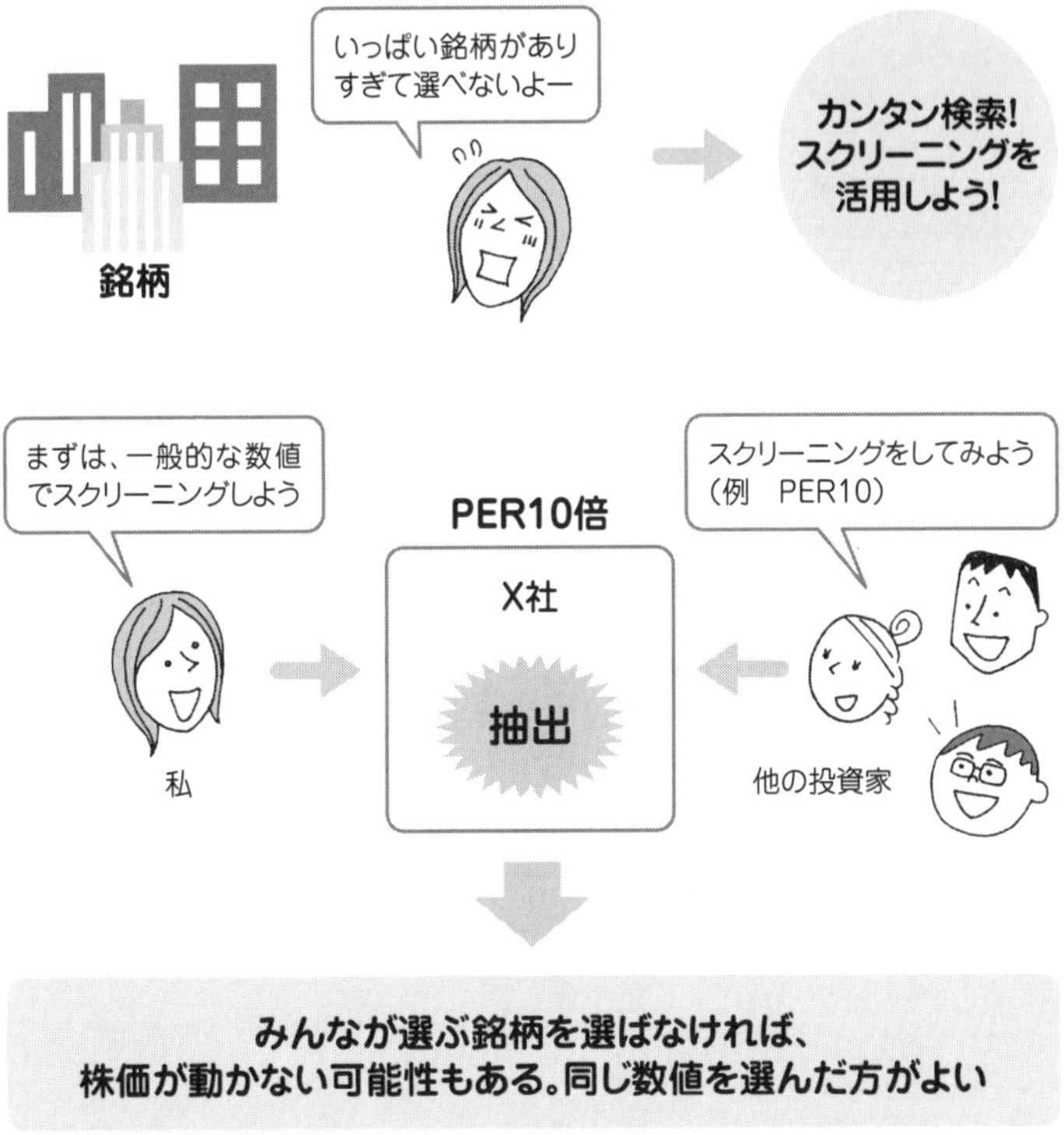
銘柄
いっぱい銘柄がありすぎて選べないよー
カンタン検索! スクリーニングを活用しよう!
まずは、一般的な数値でスクリーニングしよう
PER10倍
X社
抽出
スクリーニングをしてみよう（例　PER10）
私
他の投資家
みんなが選ぶ銘柄を選ばなければ、株価が動かない可能性もある。同じ数値を選んだ方がよい

POINT

スクリーニングの数値は、大勢の人が使う一般的な数値を使うのがベター

の人に見つけてもらえない株は、なかなか株価が上がりにくいのではないかと考えているからです。ですから、多くの人と同じように銘柄を発見できる一般的な指標や数値でスクリーニングを行った方がいいと、私は思っているのです。

テクニカル指標とファンダメンタルズ指標でスクリーニング

具体的には、私はテクニカル指標とファンダメンタルズ指標の両方を使い分けてスクリーニングを行っています。**ファンダメンタルズ指標でスクリーニングを行う時は、前述した「新たなテーマ」を見つけた時です。そのテーマに沿う企業をスクリーニングで検索し、さらに業績で銘柄を絞り込んでいきます。**

テクニカル指標でのスクリーニングは、買い時の銘柄を探す時に使います。私が使う株価チャートを1章で紹介しましたが、その中のＲＳＩを使ってスクリーニングし、売られすぎの銘柄を探しています。私はＲＳＩを使っていますが、他に使いやすいテクニカル指標があれば、ＲＳＩにこだわる必要はないとは思います。

図03-2 ▶ 2種類のスクリーニングを使い分ける!

テーマを見つけたとき

ファンダメンタルズ指標のスクリーニング

↓

銘柄抽出

買い時の銘柄を探すとき

テクニカル指標のスクリーニング

↓

銘柄抽出

POINT

スクリーニングは目的によって、
数値や使う指標を使い分けよう!

04

ファンダメンタルズ分析ではＰＥＲをチェック!

私がファンダメンタルズ指標でスクリーニングを行う時に重視する指標の1つがＰＥＲです。ＰＥＲ（Price Earnings Ratio）は、株価が1株あたり利益（ＥＰＳ）の何倍になるのかを把握できる指標で、株価収益率とも言います。一般的に、ＰＥＲが低いほど株価は割安、ＰＥＲが高いほど株価は割高とされています。そのため、ＰＥＲが低いと割安感から株価が上がり、ＰＥＲが高いと割高感から株価が下がることになります。

私がスクリーニングでＰＥＲを利用する目安の数値としては、10倍以下であれば割安とよく言われていますので、10倍という数字を使っています。ただし、どの業種でもいい場合にです。なぜなら、業種によってもＰＥＲの平均値は異なっているからです。今後の成長が期待できる企業の株はＰＥＲは高くなる傾向がありますし、反対に、業績や将来性などへの不安からＰＥＲが低い企業もありますので、一概に10倍という数字だけで判断するのは危険だと思っています。私の場合、投資したい業種がすでに決まっている場合がほとんどですから、同業他社との比較でＰＥＲを検討するようにしています。

図04▶みんなが使う指標は外せない

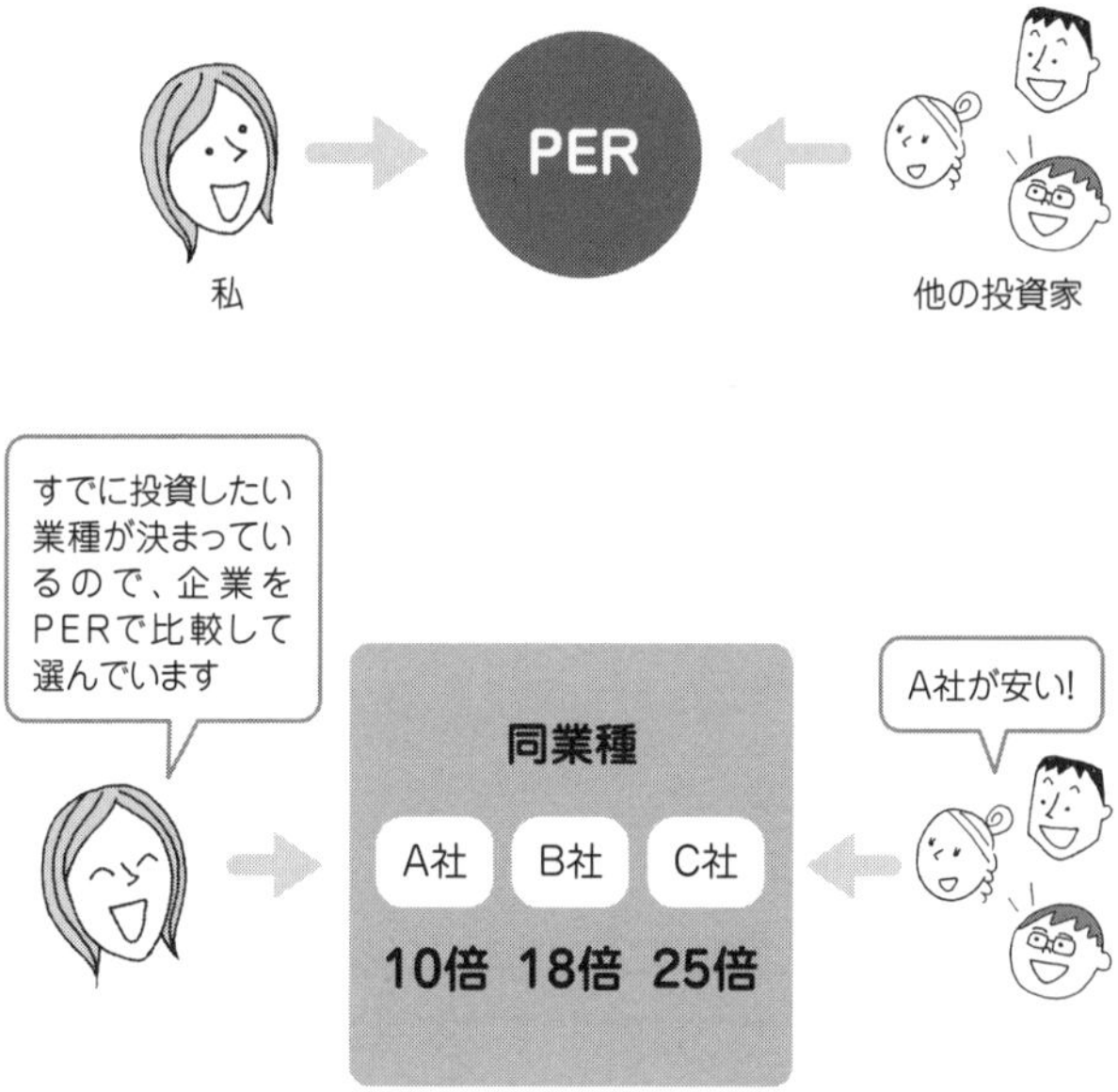
PER
私
他の投資家
すでに投資したい業種が決まっているので、企業をPERで比較して選んでいます
同業種
A社
B社
C社
10倍 18倍 25倍
A社が安い!

※この他の指標としては、PBR 経常利益 配当利回り ROE なども参考にします。

POINT

みんながよく使う一般的な指標は、使った方がいい

05 ファンダメンタルズ分析では有利子負債をチェック

私が当初から見ているファンダメンタルズ指標の1つに、有利子負債があります。有利子負債とは、金利をつけて返済しなければならない負債、つまり借金のことです。企業の財務内容の健全性を知ることができる指標の1つで、残高が大きいほど財務体質が悪いことになります。具体的には、銀行などからの借入金などになります。日本ではここ数年、金利が上昇し始めたとは言っても、超低金利の状態が続いています。しかし、日本経済に回復の兆しが見え始めている今、金利が上昇基調になっていく可能性は高いと思っています。その場合、有利子負債が大きい企業は借金が大きいことになりますので、金利上昇で企業経営に与えるダメージは大きいものになることは間違いありません。ですから、私は有利子負債の金額の大きさに注目するようにしています。

そうは言っても、企業が成長する過程では、設備投資を行うことも必要にはなってきますので、有利子負債そのものがダメだとは思っていません。**有利子負債が時系列でどのように推移しているのか、そして、有利子負債が会社の総資産に対してどのぐらいの割合を**

占めているのかに注目しています。中長期で保有しようと思う銘柄については、できれば見ておきたい指標の1つだと考えています。

図05▶借金から企業の体力を見よう

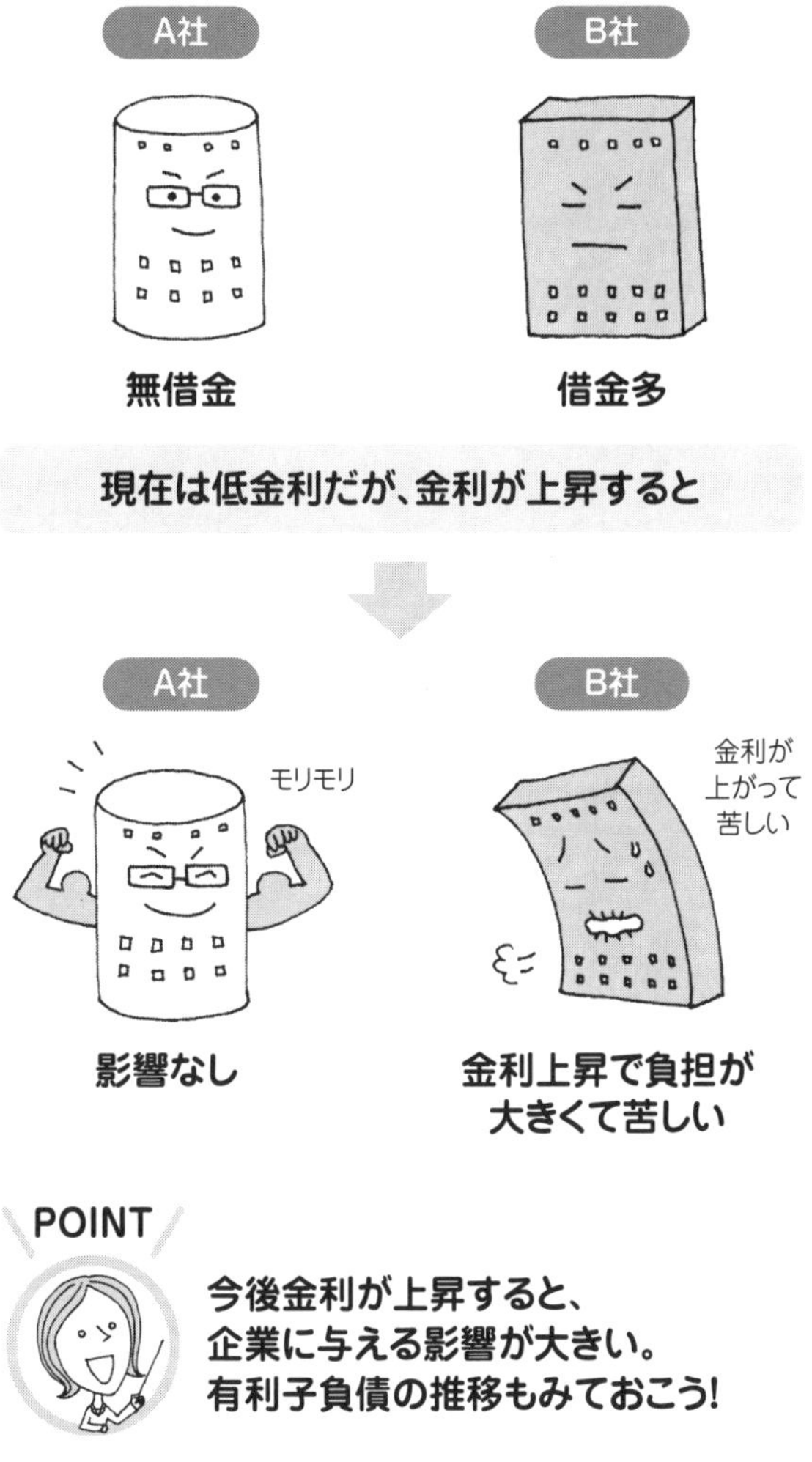
A社
B社
無借金
借金多
現在は低金利だが、金利が上昇すると
A社
B社
モリモリ
金利が
上がって
苦しい
影響なし
金利上昇で負担が
大きくて苦しい
POINT
今後金利が上昇すると、
企業に与える影響が大きい。
有利子負債の推移もみておこう!

06 常時監視している中から銘柄を選ぼう!

私は、たとえばスクリーニングなどで銘柄を探したら、その銘柄を普段利用している株価ボードにすべて登録しています。一般的な株価ボードでは、10銘柄登録できるページが10ページあるので100銘柄程度登録できると思います。私は、ページごとにたとえば半導体や銀行などという風にテーマを決めて、そのテーマにあった銘柄を登録するようにしています。というのも、**テーマごとに銘柄を登録しておけば、株価ボードを一目見ただけで今日はどの業種の銘柄が動いているのかがわかるからです。**

私は、スクリーニングなどで探した新たな銘柄ももちろん取引しますが、株価ボードに常時登録している銘柄もかなりの頻度で取引します。というのも、新たに探し出してきた銘柄を取引する場合には、今の株価が高いのか安いのかの分析作業が必要になります。それに対して、株価の動きをいつも見ている銘柄の方が、株価が高いのか、それとも安いのかを比較的簡単に分析できるからです。ですから、無理に銘柄を探して損をするぐらいなら、いつも監視している銘柄で着実に利益を上げた方がいいだろうと思っています。

図06▶いつも見ている銘柄から選ぼう!

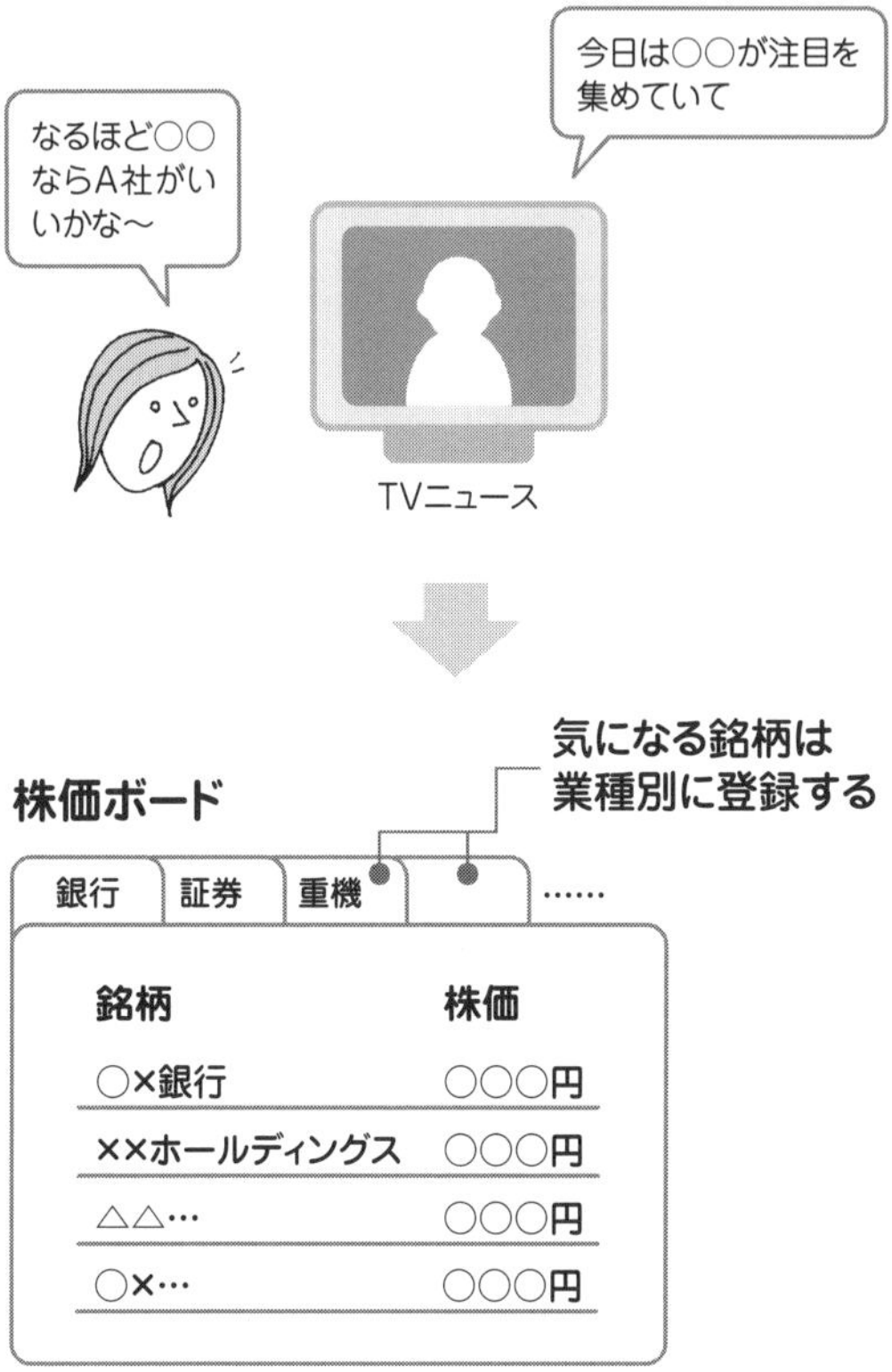
今日は○○が注目を
集めていて
なるほど○○
ならA社がい
いかな～
TVニュース
気になる銘柄は
業種別に登録する
株価ボード
銀行
証券
重機
……
銘柄
株価
○×銀行　○○○円
××ホールディングス　○○○円
△△…　○○○円
○×…　○○○円

POINT

**株価チェックを業種ごとに行なうと、
一目で動いている業種かわかるので便利。
その中から銘柄を選んで取引しよう**

07 株式投資はビジネスと割り切りを。銘柄に愛情を注いでも儲からない

知っている銘柄や自分に身近な銘柄を選ぶやり方は、その銘柄についての知識があるため、「あの商品は売れているから、まだまだ業績は好調だろう」などと安心して株を買うことができるのがメリットです。しかし、銘柄への思いが強くなるというデメリットがあるという側面もあります。

銘柄への思いが強くなると、銘柄への愛情から「まだまだ株価は上がるはずだ。下がるのは間違っている」などと根拠もなく思い込んでしまう可能性が高くなってしまいます。株を購入した当初が含み益の状態であれば、銘柄選びの視点は間違っていなかったのかもしれません。根拠もなく「あの商品はすばらしい」などと愛情を注ぎ込んでも、株価はその愛情に応えるわけではありません。売り時を逃せば含み損になる可能性があります。

銘柄を好きになってしまうと、その銘柄のことを客観的に判断できなくなって、売買するタイミングを逃してしまいがちです。株で儲けるためには、少し距離を置いて銘柄と付き合うことが大切です。

図07▶ 銘柄が好きでも儲かるわけではない

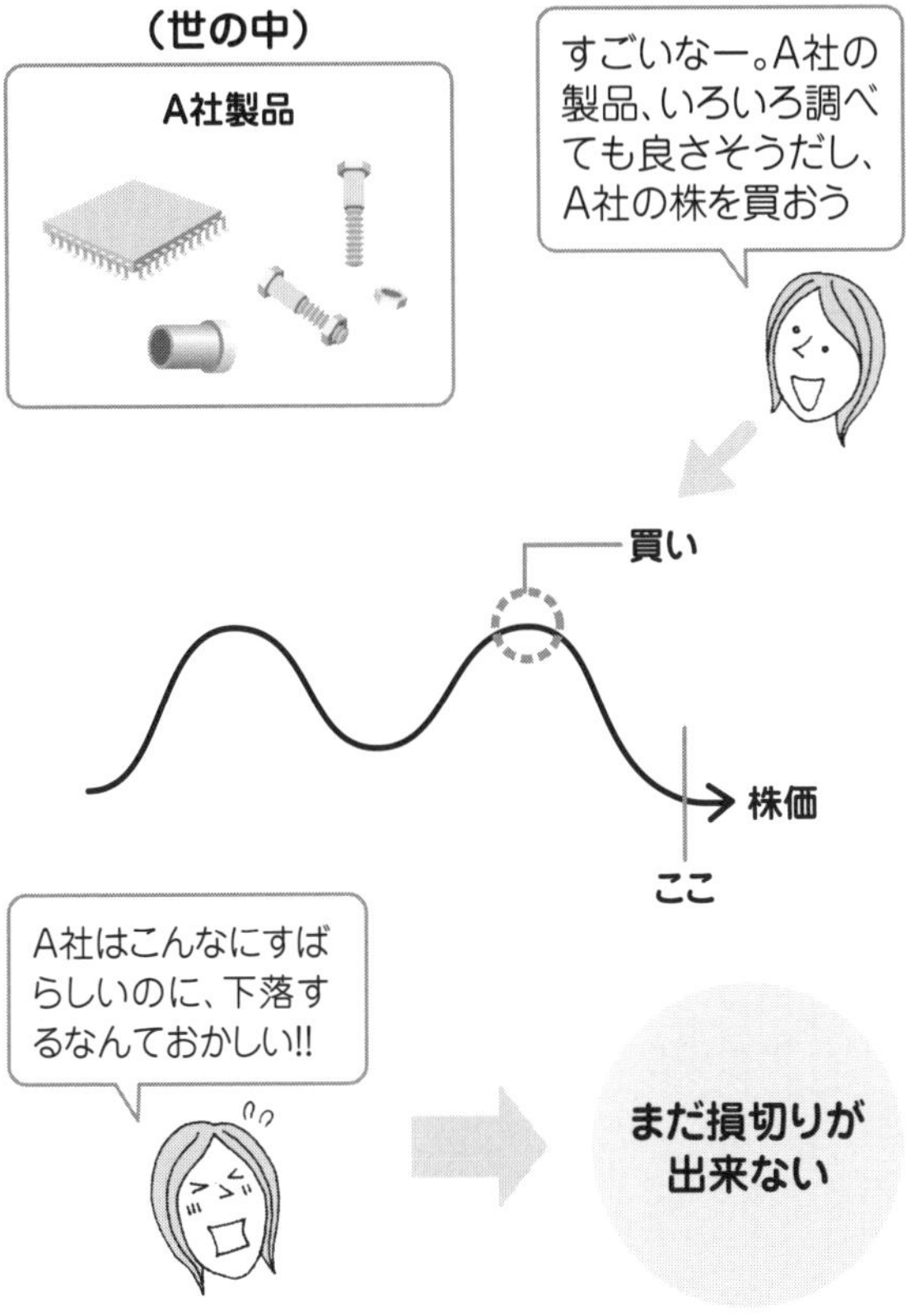
(世の中)
A社製品
すごいなー。A社の製品、いろいろ調べても良さそうだし、A社の株を買おう
買い
株価
ここ
A社はこんなにすばらしいのに、下落するなんておかしい!!
まだ損切りが出来ない

POINT

愛情が強くなると、
冷静な判断が下せなくなるので注意!

第5章

ポイント5

着実に利益が出せる!
私がおすすめする
売買タイミングはコレ!

01

総悲観の時に株を買い、楽観的になったら株を売る

株式市場が上昇すると、「なぜあのとき株を買わなかったのだろう」と株を買いたくなる人が増え、株式市場が下落すると、「一体どこまで下がるのだろう」と株式投資を敬遠する人が増えます。安い時に株を買って高くなったら売るが、株式投資の基本です。株価が安い時に悲観的になり、株価が高い時に買う気満々になっていては、株で儲けることは難しいでしょう。しかし、安い時に株を買って高くなったら売るを実践することはとても難しいものです。なぜなら、株式市場が悲観的になれば「どこまで下がるのだろう」と不安になり、株式市場が楽観的になれば「もっと上がるだろう」と強気になるからです。

こうした感情に流されてしまえばわざわざ損をするために取引をするようなものですから、**私は「総悲観の時こそ勇気を持って株を買い、そして、楽観的なムードが漂い始めたら惜しむ気持ちを抑えて株を売る」をモットーに売買しています**。しかし、周囲が悲観的な時には、本当に株を買ってよかったのかといつも不安になります。それでも周囲の状況に惑わされないようにするためには、自分の投資スタイルを作り上げていくことが大切だ

と思います。

図01▶勇気を持ってみんなの逆を行く取引をする

株式投資の基本

安い時に株を買い、高くなったら売る

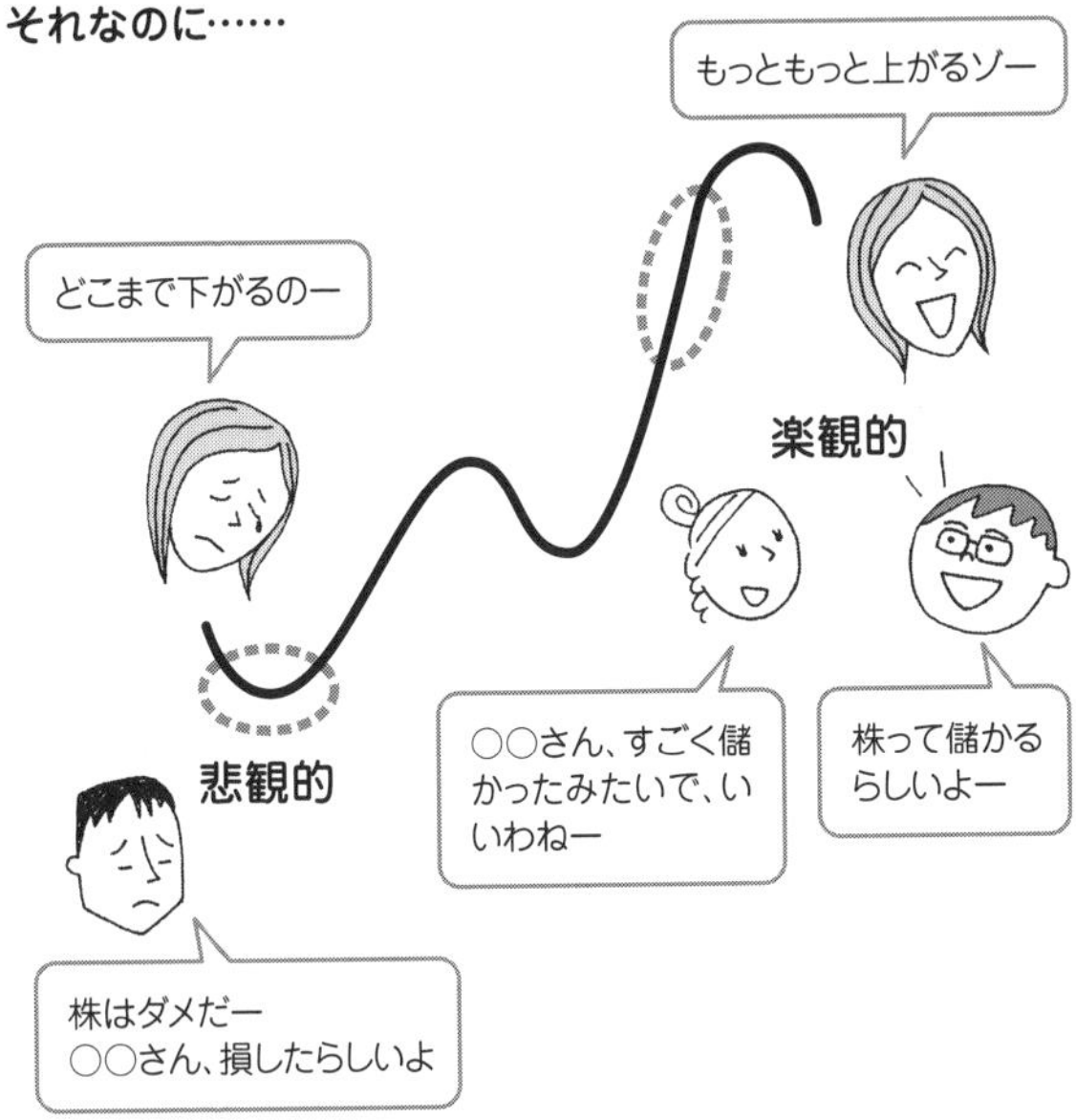
それなのに……
もっともっと上がるゾー
どこまで下がるのー
楽観的
悲観的
○○さん、すごく儲かったみたいで、いいわねー
株って儲かるらしいよー
株はダメだー
○○さん、損したらしいよ

POINT

基本を忘れたら、わざわざ損をする取引をするようなもの。株が安い時にこそ勇気を持って買えるようになる事が大切

02

上昇トレンドの時は押し目を狙う

株を取引する方法の1つに、順張りという方法があります。順張りとは、株価が今後高くなると予測する場合に、株価のトレンドに沿って株を買う取引のことです。株価が上昇することを前提にしている取引ですから、株を買うタイミングさえ間違えなければ、一般的には儲けやすい、つまり、損をする確率が低い取引方法とされています。私は現状、順張りでの取引が中心です。というのも、株式市場は、私が株式投資を始めた２００２年から２００３年の半ばまでを除けばほぼ一環して上昇局面にありますので、日本の株式市場は長期では上昇トレンドにあると考え、**短期的な株価下落は押し目（上昇途中にある下落のこと）ととらえて、「下がったら買い」のスタンスでの取引を基本にしている**のです。

押し目のタイミングが大事

押し目を狙って取引する方法は儲けやすいのですが、必ず儲かるわけではありません。

ポイント5　着実に利益が出せる!　私がおすすめする売買タイミングはコレ!

図02-1 ▶ 上昇トレンドは押し目買いが基本

①押し目買いはこんな感じ

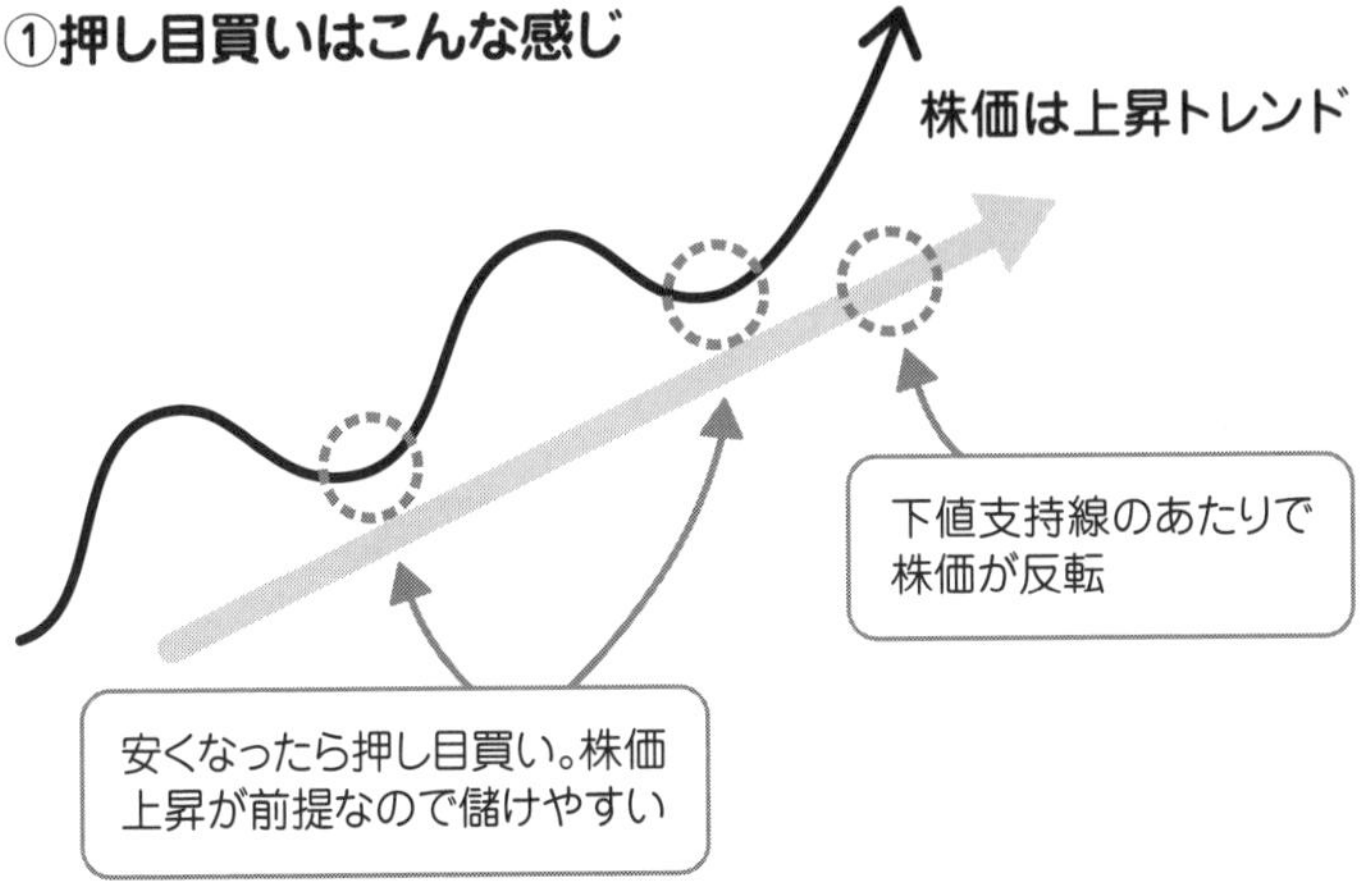
株価は上昇トレンド
下値支持線のあたりで
株価が反転
安くなったら押し目買い。株価
上昇が前提なので儲けやすい

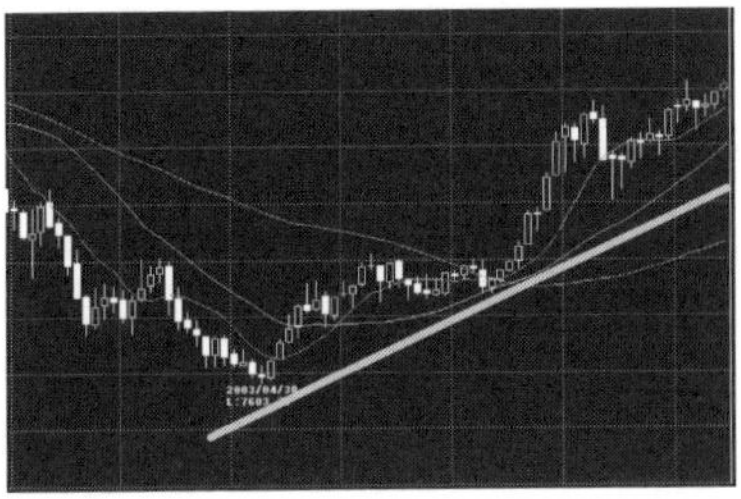

日経平均株価は、
2003年以降上昇トレンド
が明らか!

POINT

上昇トレンドが続く限り、
「下がったら買い」の押し目買いが基本

というのも、押し目だと思って株を買ったのに、思惑通り株価が下げ止まらず、そのまま下落してしまう時もあるからです。つまり、押し目を狙って株を買う場合には、株を買うタイミングがとても重要になります。

株価が下げ止まって反転し、上昇トレンドに入ったことを早い段階で確認でき、そして、できるだけ早い段階で株を買うことが押し目を狙う時は重要になります。もし早い段階から押し目を狙うことができれば、その後も押し目がある可能性が高いですから、買い増すことも、そして短期で売買を繰り返すこともできます。

しかし上昇トレンドが続き、何度か押し目があった段階でさらに押し目を狙う場合には、上昇トレンドが終わる可能性が高いので、押し目とならずに株価が下落してしまうリスクが高くなってしまいます。**株価の上昇トレンドがいつまで続くのかは誰にもわからず、一体どれだけ押し目があるのかもわからない**のです。

確実に押し目を狙って儲けるためには、早い段階の押し目での取引に徹し、上昇トレンドが続いた後の遅い段階での押し目は見送る方が懸命だと思います。そうすれば、株を売るタイミングや、押し目にならないで下に抜ける、つまり損失が発生する可能性を気にすることも少なくなるからです。売りのタイミングを気にしなければならないタイミングでの買いは、できるだけ避けるのがよいと思います。

図02-2 ▶ 下値支持線と押し目のタイミングをチェック

②上昇トレンドが永遠に続くわけではない

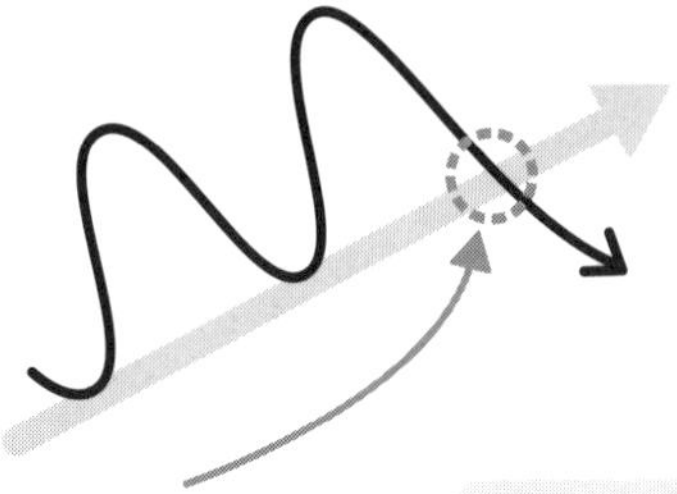

下値支持線で下げ止まらずに
突き抜けてしまうこともある

買うタイミング次第では
損失が発生することも!

押し目買いを行うタイミングが重要

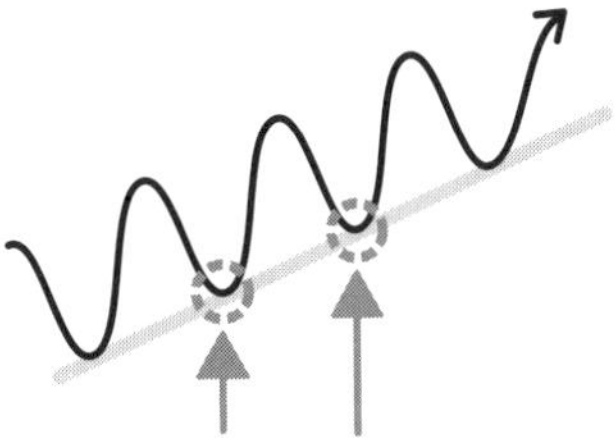

早いタイミングでの押し目買いは
株価がさらに上昇する可能性が高い

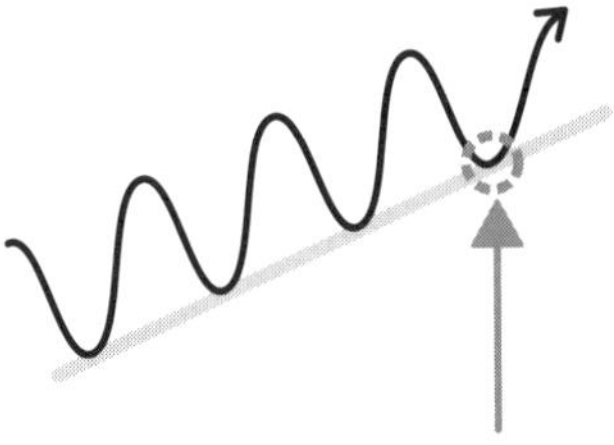

遅いタイミングでの押し目買いは、
株価が天井を迎える可能性が高い

POINT

上昇トレンドが永遠に続くわけではないので、
押し目買いを行なうタイミングが重要

03 下落トレンドの時は短期リバウンドで売る

株を取引する方法には、前述の順張り以外に、逆張りという方法があります。逆張りとは、株価の流れに逆らって、つまり株価の動く方向とは反対方向に向かうことを期待して、株を取引する取引方法のことです。下落トレンドにあっても、短期的に見れば株価は上昇と下落を繰り返しています。そこで、この短期的な下げで株を買い、リバウンドで株価が上昇したらすばやく株を売る方法です。

たとえば、ある銘柄に悪いニュースが発生したとします。そうすると、それを嫌気した売りが増えて、株価が大きく下落することがあります。このように株価が突然下落した時に、一時的な株価の上昇を期待して、株を買う取引が逆張りになります。

私も逆張りで株を買うこともありますが、ほとんどの場合が短期での取引です。なぜなら、**逆張りでは、株価がずっと上昇することを前提に取引していませんので、売り時を間違えれば大きな損失になる恐れがあるから**です。逆張りは、順張りよりも難しいとされていますが、反面、儲けは大きくなる傾向にあります。

図03-1 ▶ 逆張りは短期での取引が基本

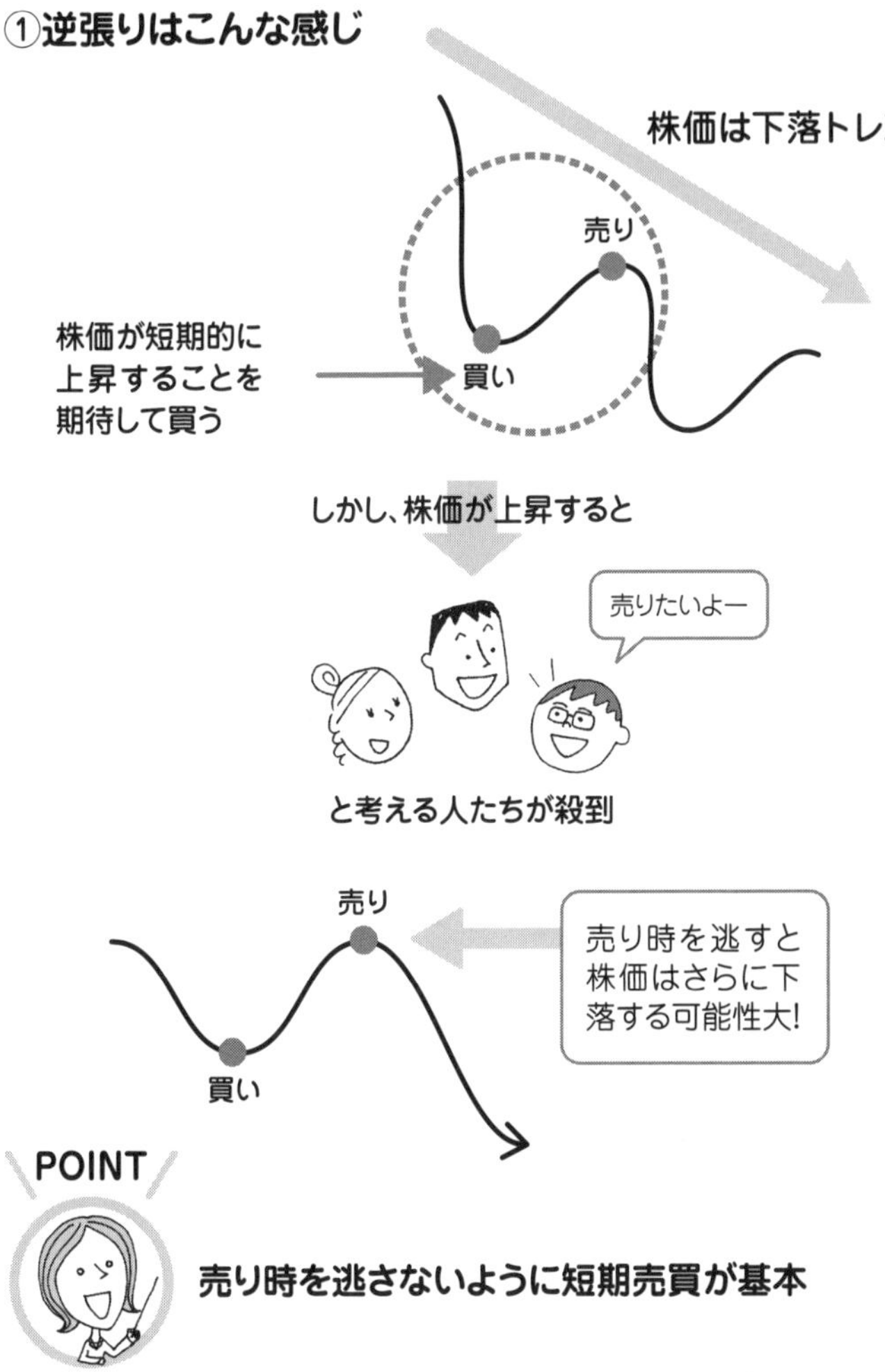
株価は下落トレンド

躊躇するなら逆張りはやめた方が無難

株価は一般的に、ゆっくりとしたスピードで上昇し、ものすごく早いスピードで下落します。ですから、逆張りで株を買う場合には、必ず株を売る基準を決め、その基準に従って機械的に売買することが必要だと思います。なぜなら、せっかく株価が上昇しても、「まだ上がるかも」などとつい欲をかいてせっかくの売り場を逃してしまう恐れや、なかなか損切りできずに損失を拡大させてしまう恐れさえあるからです。ですから、売る基準をまだ明確にできていない人や、なかなか損切りをできない人などは損失を発生させる可能性が高いですから、あまり積極的に逆張りを行う必要はないと思います。

株価がいったん下落トレンドになってしまうと、新たなトレンドが発生するまでには相当の時間が必要になります。そして、1回目の天井よりも、2回目、3回目の天井の方が低い可能性が高く、自分の買った値段よりも株価が高くなる保障はありません。**株を売る基準は、○%上昇したというものでも、株価チャートでもどれでも構わないと思います。自分の欲は捨て、機械的に売買できないのであれば、逆張りは避けた方が無難だと思います。**

図03-2 ▶ 逆張りは欲をかかずに機械的に売買しよう

②

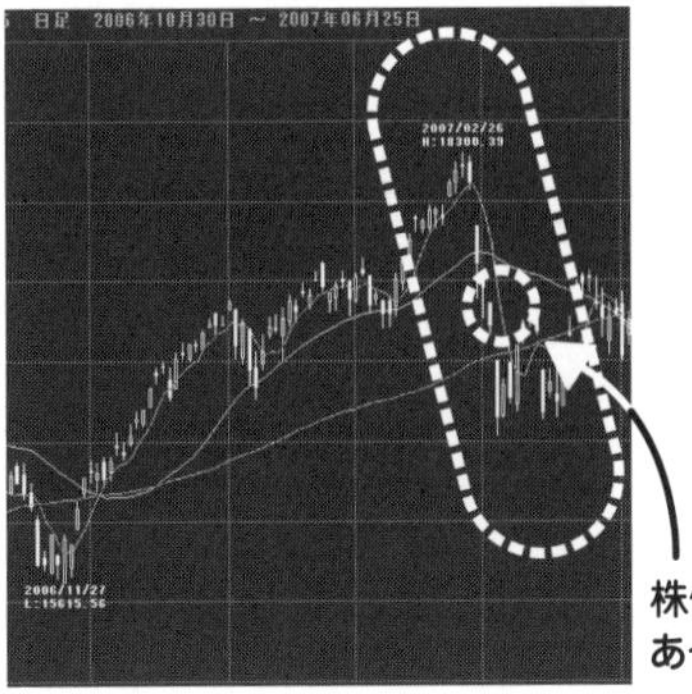
株価が下落する時は
あっという間
天井をつけるまで上昇期間は長い

日経平均株価のチャートを見ても
……下落のスピードは早い

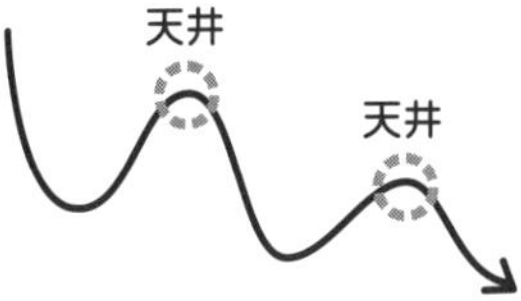

逆張りの場合は、天井が低くなることもあるので、売り時に迷うなら、無理に取引する必要なし

POINT

機械的な売買に徹しないと
逆張りで儲けることは難しい

04

思った通りに株価が動かない時は早めに売る

「これから株価が上昇しそうだ」と思って株を買ったのに、株価がなかなか思ったように上昇しないという場合があります。自分が売った後に株価が上昇する可能性がないわけではありませんが、このような場合には、私はその株に見切りをつけて早々に売るようにしています。これは、押し目を狙った場合も、逆張りでリバウンドを狙った場合でも同じです。

私は、株価は、資金が潤沢にある投資家の売買に大きく影響を受けると考えています。そのため、資金の少ない個人投資家は、資金が潤沢な投資家の意向、つまり相場の流れに合わせて売買しなければ、儲けることは難しいと考えています。**そして株価が思った通りに動かないということは、そもそも株価チャートの分析が間違っていることに他なりません。**株価チャートの分析が間違っていれば、相場の流れに合わせることができないということですから、損をする可能性が高くなります。また、株価があまり動かない銘柄を保有していると、株価の動向がどうしても気になってしまうことでしょう。そして、株価が動かなければ、投資成果もイマイチと言わざるを得ません。絶好のタイミングを狙うためにも、ムダに株を保有する必要はないと思っています。

図04▶読みが当たらないときはすぐに撤退

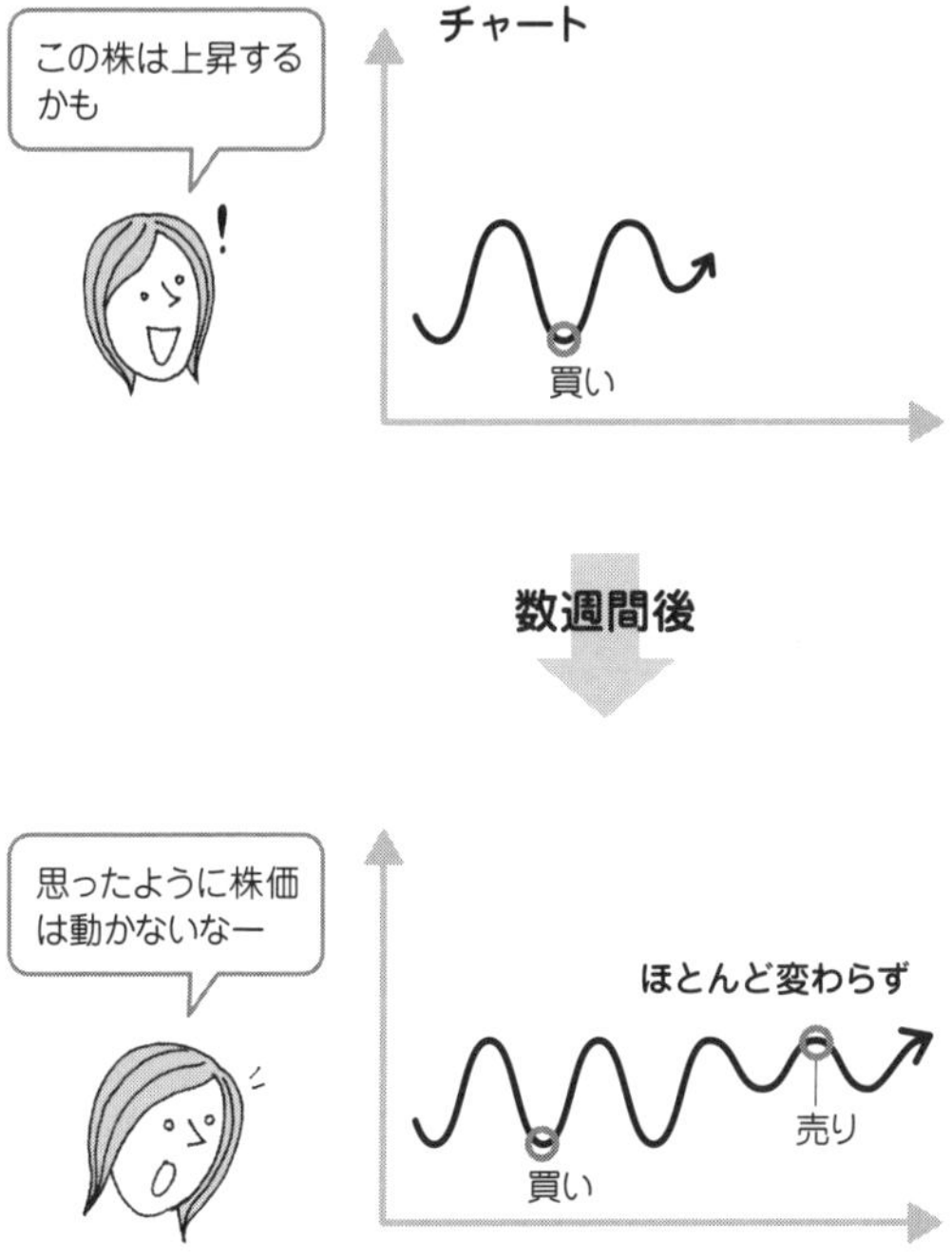
この株は上昇するかも
チャート
買い
数週間後
思ったように株価は動かないなー
ほとんど変わらず
買い
売り

POINT

株価チャートの分析が外れている可能性も!　思い切ってすぐに取引をやめてしまおう!

05

窓を意識して売買タイミングを分析する

株価チャートを見ると、２本のローソク足の間に空間ができているのを見たことがある人も多いでしょう。この空間のことを、窓（空）と言います。**私は売買タイミングを分析する際に窓が株価のどの位置に空いているのかを参考にしています。**株価は一般的に、前日の終値を基準に動いています。そのため、前日の終値に近い価格で寄り付くことが多いのですが、何かしらの事情があった場合などには、当日の始値が前日の終値から大きく引き離された状態になることがあります。この状態が窓です。

たとえば、ある銘柄の決算はあまり良くないらしいという憶測から、株価が下落していたとします。しかし、決算発表は悪いどころか最高益だとすると、この銘柄を多くの投資家が買いたいと思い、一斉に買い注文を出します。すると、たくさんの買い注文に対して売り注文が少ない状態になりますので、窓を空けて強い勢いで上昇することになるのです。反対に、何かしらの悪材料で売り注文が多くなり、買い注文が少なくなった場合には、株価は売りの勢いが強くなり、窓を空けて強い勢いで下落することになります。

図05-1 ▶ 窓の位置を意識しよう

①

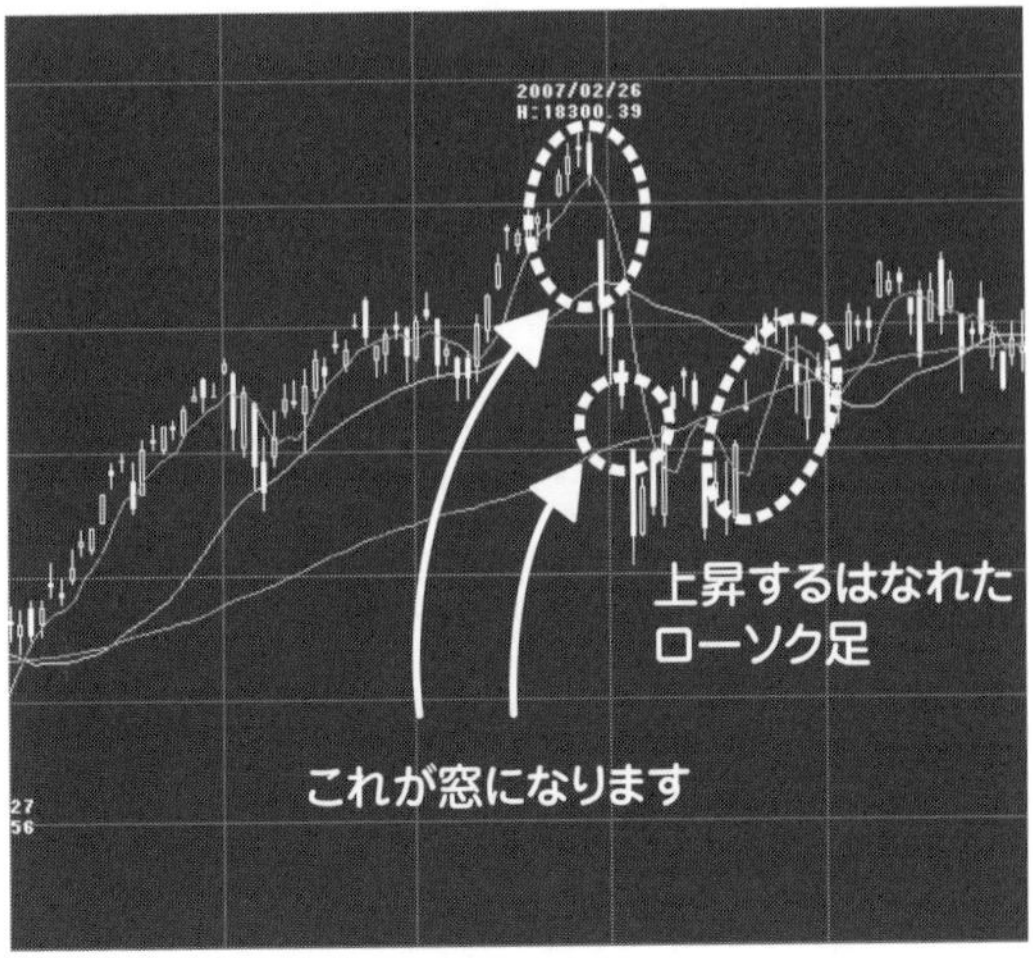
2007/02/26
H:18300.39
上昇するはなれた
ローソク足
これが窓になります
27
56

窓とは……株価の勢いがどちらかに
偏っている時に、窓が空く

売りたい

多くなると、下に向かって
窓が空く

買いたい

多くなると、上に向かって
窓が空く

POINT

窓が空くということは、
それだけ強い力で動いている証

窓の位置から売買タイミングを考える

一般的に、空いた窓はいずれ株価が反対方向に動くことで埋めるとされています。この法則を利用して、空けられた窓を埋めるために、株価はいずれその窓を目指して動いてくるだろうと考えるのです。たとえば、株価が窓を開けて下落したとします。短期的に考えれば、窓を空けて下落するのだから、それだけ売り圧力が強いということになります。しかし、長期的に考えれば、**この窓を埋めるために、株価はいずれこの窓を目指して上昇してくるだろうことが予測できる**からです。

反対に、株価が窓を空けて上昇した場合には、短期的には上昇勢いが強くても、いずれ株価は窓を埋めるために下落するだろうと予測することができます。もちろん、窓を埋めない場合も時にはあります。しかし、株価が元の位置にまで戻ってくる可能性があることを覚えておけば、売買タイミングを分析する時の参考にはなります。

また、窓を空けた時の勢いがあまりにも強いために、続けて窓を空けることがあります。窓が３つ開いている場合を「三空」と言いますが、この三空になった場合には、上昇、下落どちらの場合でも勢いが強いとされていて、強さを見る時の参考にしています。

図05-2▶窓を見て株価の動きを予測しよう!

②

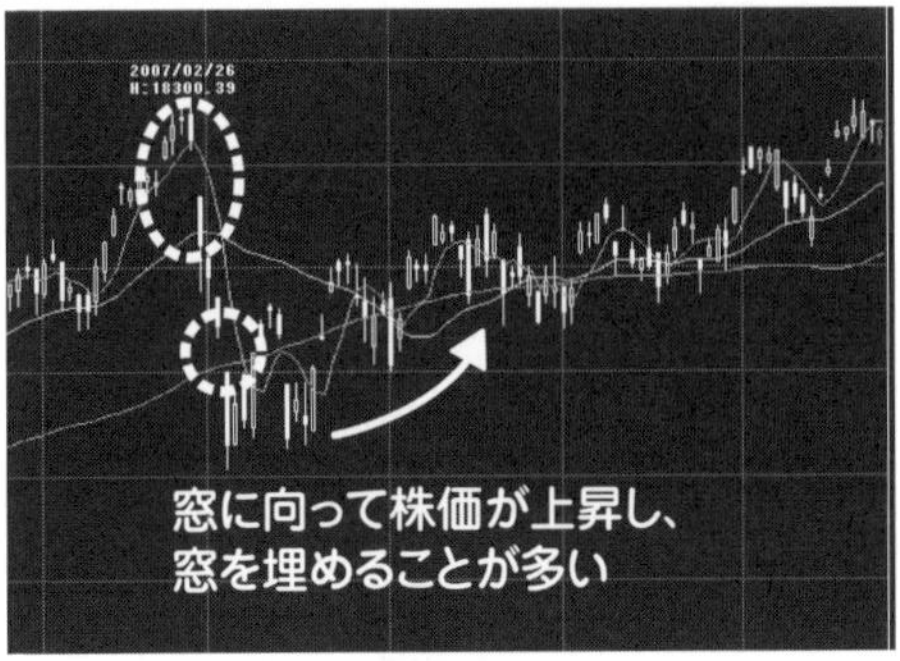
2007/02/26
H:18300.39
窓に向って株価が上昇し、
窓を埋めることが多い

これを応用すると

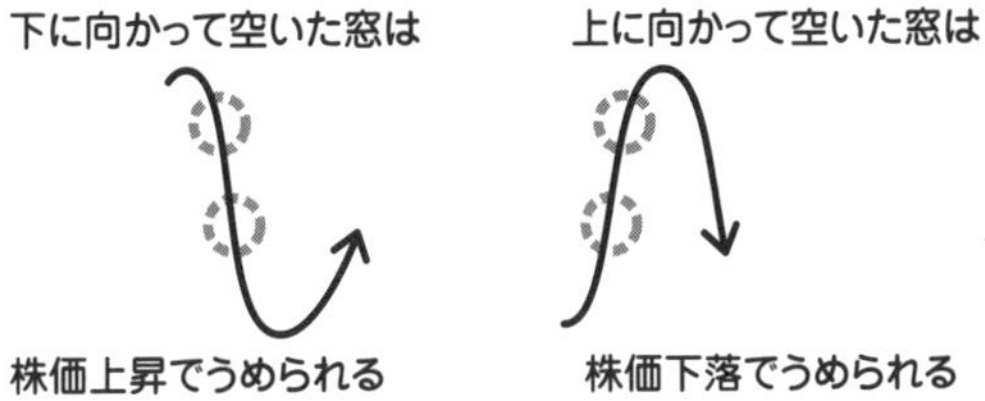
下に向かって空いた窓は
上に向かって空いた窓は
株価上昇でうめられる
株価下落でうめられる

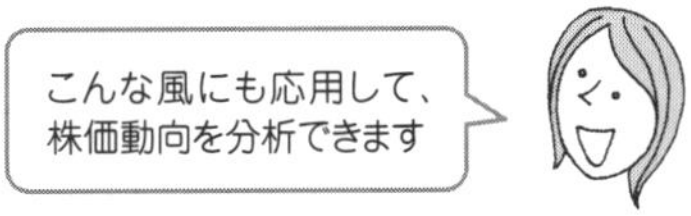
こんな風にも応用して、
株価動向を分析できます

POINT

窓が現れたら、それ以降の株価を予測できます

06

フィボナッチを意識して売買タイミングを分析する

株価がどこまで上昇するのか、そして、どこまで下落するのかを考える時、私はいつもフィボナッチを利用しています。

フィボナッチとは、黄金分割比率またはフィボナッチ比率とも呼ばれていて、「１対０・６１８」の比率関係のことを表しています。フィボナッチをどのように利用するのかと言うと、０・６１８と１から０・６１８をマイナスした０・３８２の**フィボナッチ比率を使って、株価が上昇する時と下落する時の価格の目安を算出するのです**。

フィボナッチという言葉だと、聞いたことがないという人が多いかもしれません。しかし、株に関するマーケットコメントなどで、たとえば「3分の1押しや3分の2押しの水準まで～」などの言葉を聞いたことがある人が多いのではないかと思います。簡単に言うと、フィボナッチは、3分の1や3分の2と同じようなイメージです。

どちらの数値もとても近い値になっていることを考えると、株式市場では古くから、これらの数値が非常に重要だと考えられているようです。

図06-1▶フィボナッチを上手に使いこなそう

フィボナッチ数列とは、1対0.618の関係のこと

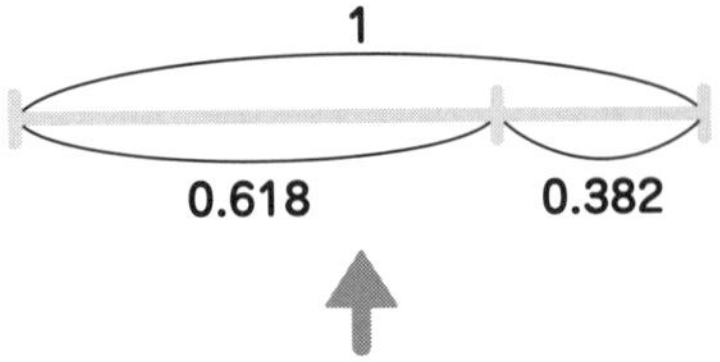
1
0.618
0.382

この関係を参考にして価格を分析する

たとえば……

フィボナッチでは

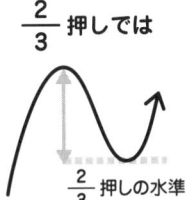

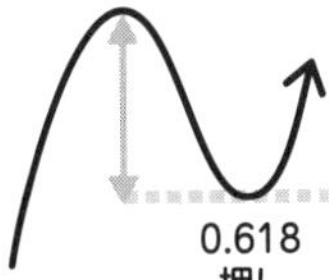
0.618
押し

$\frac{2}{3}$押しでは

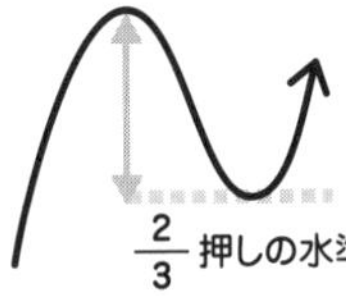
$\frac{2}{3}$押しの水準

とってもよく似た
使い方をします

POINT

この水準を参考に価格をはじきだします

フィボナッチで具体的に計算してみよう

では、実際にフィボナッチを利用して、どのように株価の目安を算出するのかを具体的に計算してみましょう。たとえば、１０００円の株価が２０００円まで上昇し、天井をつけて下落した場合で考えてみましょう。株価が一体どこまで下落するのかを考える時に、フィボナッチ比率の０・６１８と０・３８２を利用します。

まず１０００円から２０００円までの上昇幅１０００円を求めます。この上昇幅１０００円に０・６１８と０・３８２をかけます。０・６１８をかけると６１８円、そして、０・３８２をかけると３８２円になります。これらの数字を、高値である２０００円からどこまで下落するのかを知るために当てはめるのです。すると、２０００円から６１８円を引いた１３８２円と、３８２円を引いた１６１８円を求めることができます。つまり、**株価の下落が浅い場合には１６１８円程度、株価の下落が大きい場合には１３８２円という風に、株価の下落の目安を算出することができる**のです。株価の上昇幅を求める時も、同じ要領で求めます。さらに、私は、２分の１という数値も同時に利用します。というのも、２分の１はフィボナッチにはない数値だからです。

図06-2 ▶ フィボナッチでの価格の求め方

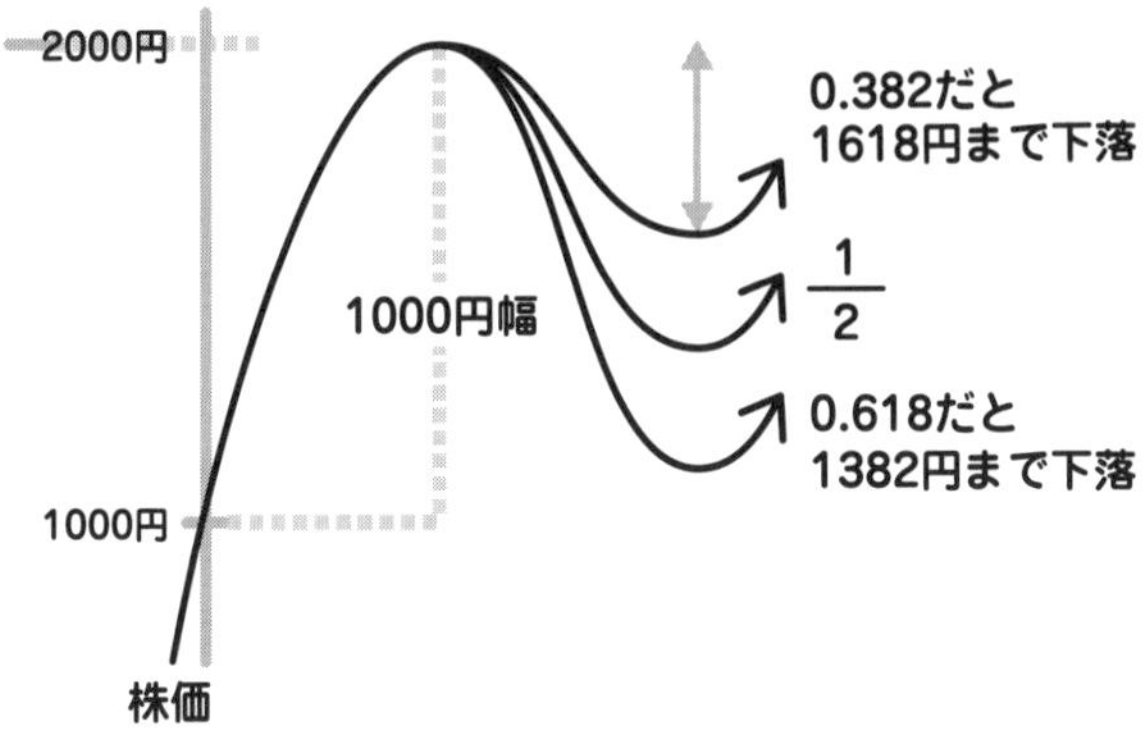
2000円
0.382だと
1618円まで下落
1
2
1000円幅
0.618だと
1382円まで下落
1000円
株価

1000× 0.382 =382円

2000-382= 1618円

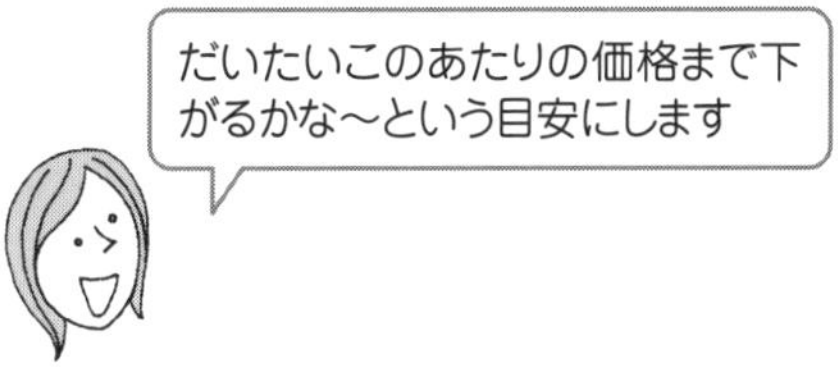
だいたいこのあたりの価格まで下がるかな〜という目安にします

POINT

より下にいくほど、つまりフィボナッチの数値が大きいほど、下落幅が大きくなります

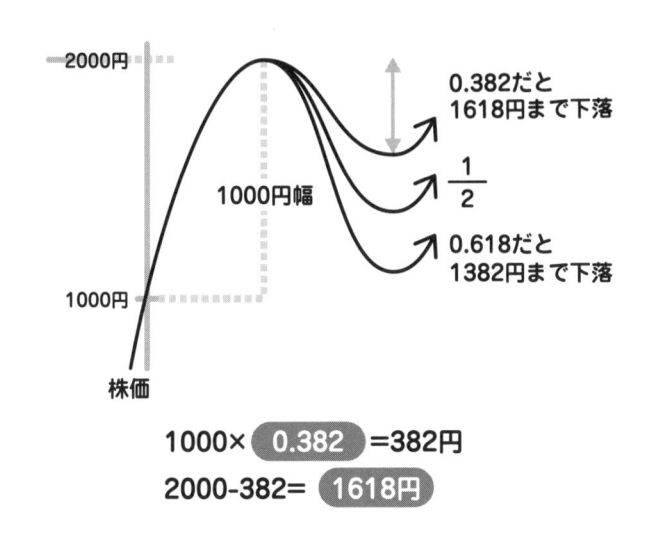

07

W底で底値を確認して取引する

私が売買タイミングを分析する時には、W底というチャートパターンをよく参考にしています。W底とは、下落していた株価が一度は底を打って上昇に転じたのですが、再度株価が下落に転じてしまい、株価がもう一度底を打って上昇に転じるパターンのことです。底を２回打つ形状がWに似ていることからW底、もしくは、ダブルボトムといいます。株価が底を打つ時に見ることができるチャートパターンの１つで、強い買いシグナルだといえます。

W底の場合には、すでに株価は一度底を打っていますので、株価が再び下落に転じたとしても、１回目の底を参考にすることができます。ですから、２回目の底を考える時には、１回目の底がこのぐらいだからこの程度までは株価が下落する可能性があるだろう、と予測ができます。１回目の底の価格がすでにわかっていますので、W底は、とても売買タイミングを計りやすいチャートパターンだと、私は考えています。繰り返しになりますが、私は現在、日本の株式市場が長期の上昇トレンドだという分析から買いの取引がどう

図07-1 ▶ W底を確認したら、その株は買い！

W底（ダブルボトム） ＝ いったん底を打って上昇していた株価が再び下落し、二回目の底を打って上昇に転じること

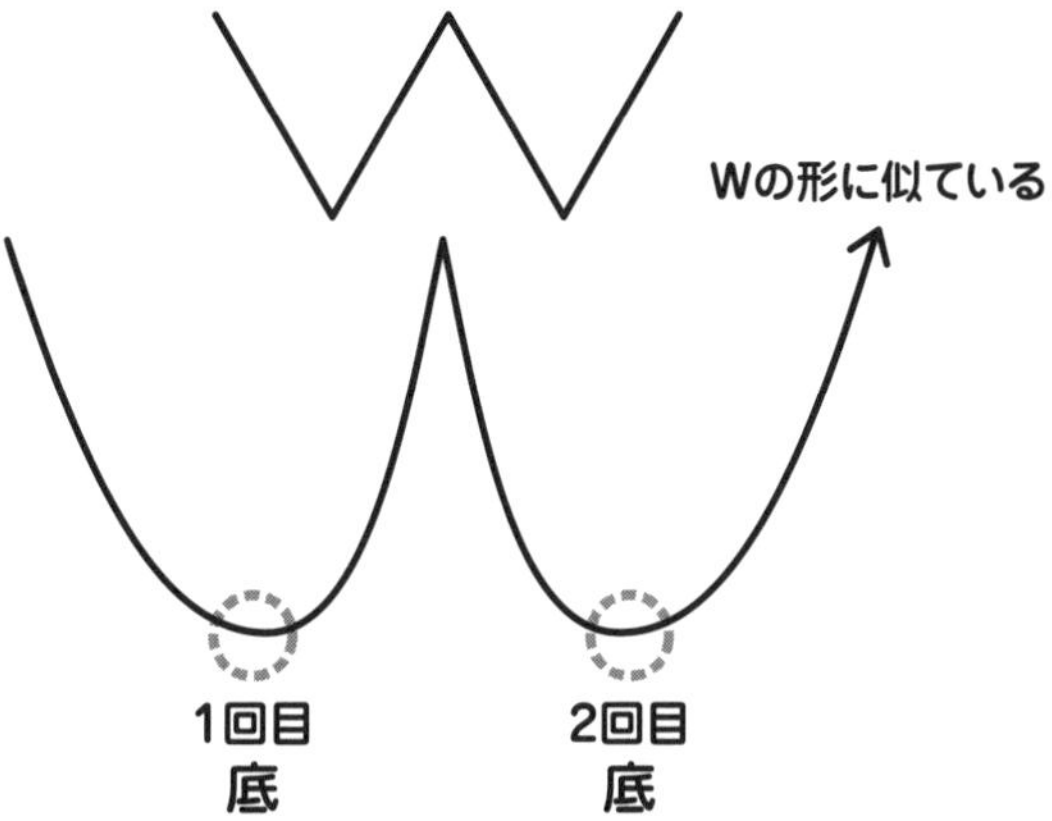

買いタイミングを計りやすい指標のひとつ

POINT

底を探る時には1回目の底を参考にできるので、価格の目安がはじきだしやすい

しても多くなります。W底は買いタイミングを分析する時に利用しやすいので、よく参考にしているのです。

W底も底割れしないとは言い切れない

ただし、W底の場合も、株価が1回目の底と同じぐらいの価格帯で、必ず底を打つとは限りません。時には、株価が1回目の底と同じぐらいの価格帯で下げ止まらずに、底抜けしてしまうこともあります。2回目の底もこのあたりだろうと見込んで株を買ってしまった後に底を抜けてしまうと、たとえ1回目の底と同じ位の値で株を買うことができても、損失を被ることになります。

もちろん、2回目の底が1回目の底よりも安い価格になることはあります。しかし、安値を切り下げるよりも切り上げている方が、安値に対する信頼感は増すだろうと私は考えています。株価が底割れするリスクを回避するためにも、**W底を見込んで株を取引するのではなく、W底を確認してから株を取引する方がよいのではないかと考えています。**また、私と同じように、W底を買いチャンスだと考えている他の個人投資家も多くいます。そのため、W底と判断できる時には、個人投資家の買いが一斉に入る可能性もありますので、W底を形成する時に出来高を伴っているかという点も確認しておけば、株価が底を打ったことに対する信頼感がより増すのではないかと考えています。

図07-2 ▶ W底かも？と思った時に注意したいこと

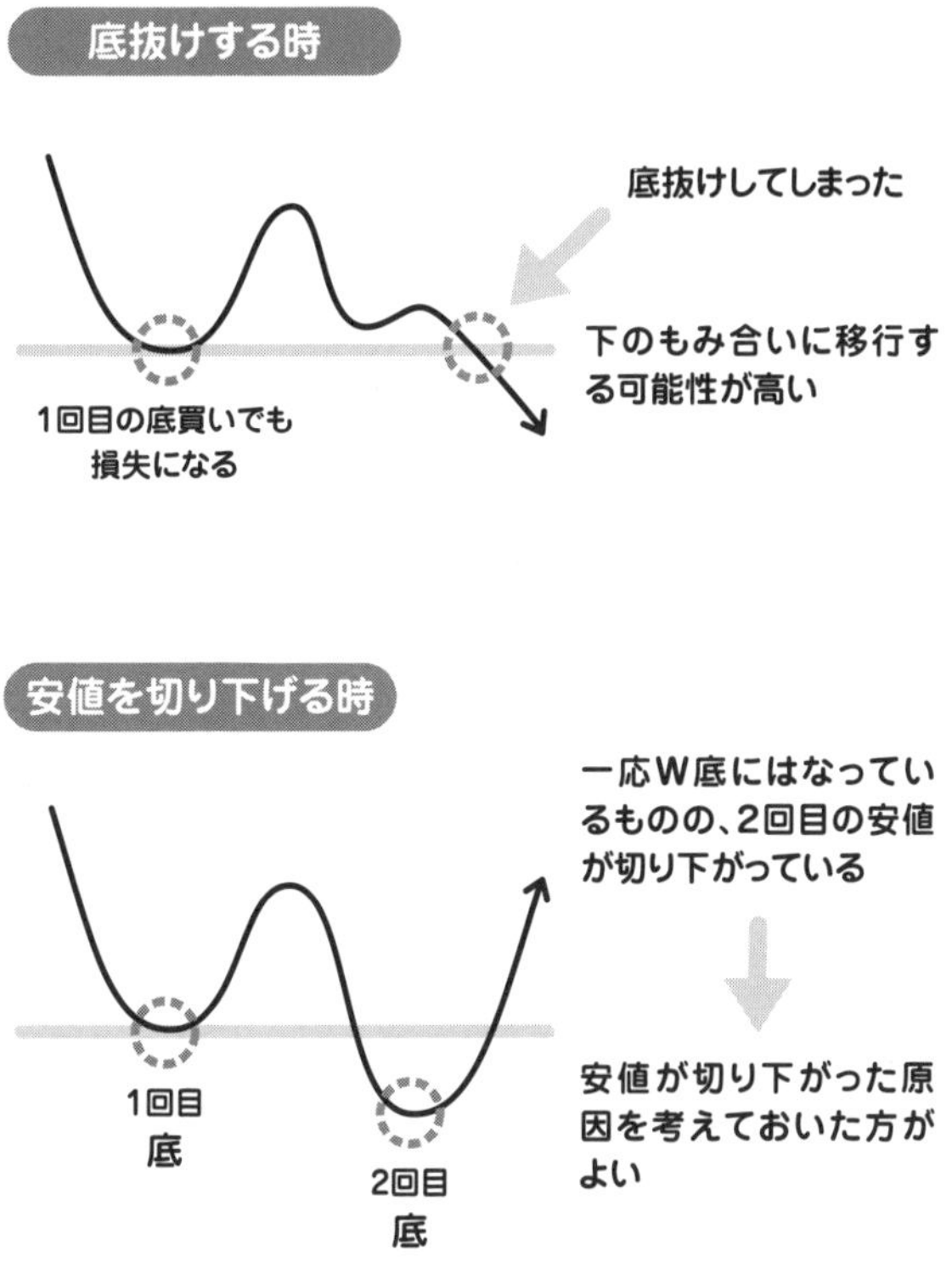
底抜けする時
底抜けしてしまった
下のもみ合いに移行する可能性が高い
1回目の底買いでも損失になる
安値を切り下げる時
一応W底にはなっているものの、2回目の安値が切り下がっている
安値が切り下がった原因を考えておいた方がよい
1回目底
2回目底

POINT

W底が必ず機能するわけではない。底打ちを確認しても、遅くはない

08

信用残の推移から売買タイミングを分析する

株を現物でしか取引しない人も、できれば参考にしたいのが信用残の動向です。信用取引では一般的には6カ月以内に反対売買を行わなければなりません。

信用残は、決済が済んでいない残高のことを言います。証券取引所から毎週水曜日に公表されており、買い方の残高を買い残、売り方の残高を売り残と言います。

買い残が積み上がると決済での売りが想定されますので、株価にはマイナス要因と言えますが、人気が高いから買い残が増加するという側面もあります。一方、売り残の増加は決済での買戻しが期待できますので、株価にはプラス要因とも考えることができます。**私が信用残を見る場合には、買い残が売り残に対してどのぐらいあるのかを表した貸借倍率を参考にしています。**買い残が売り残を上回っている時は貸借倍率が高くなり、売り残が買い残を上回っている時は、貸借倍率が低くなります。

ポイント5　着実に利益が出せる!　私がおすすめする売買タイミングはコレ!

図08-1 ▶ 信用残で相場動向を分析する

信用取引では、一般的に6カ月での決済が必要

信用買い → 6カ月　売りで決済 → 株価下落

信用売り → 6カ月　買い戻しで決済 → 株価上昇

↓

参考にする時は、貸借倍率を見よう！

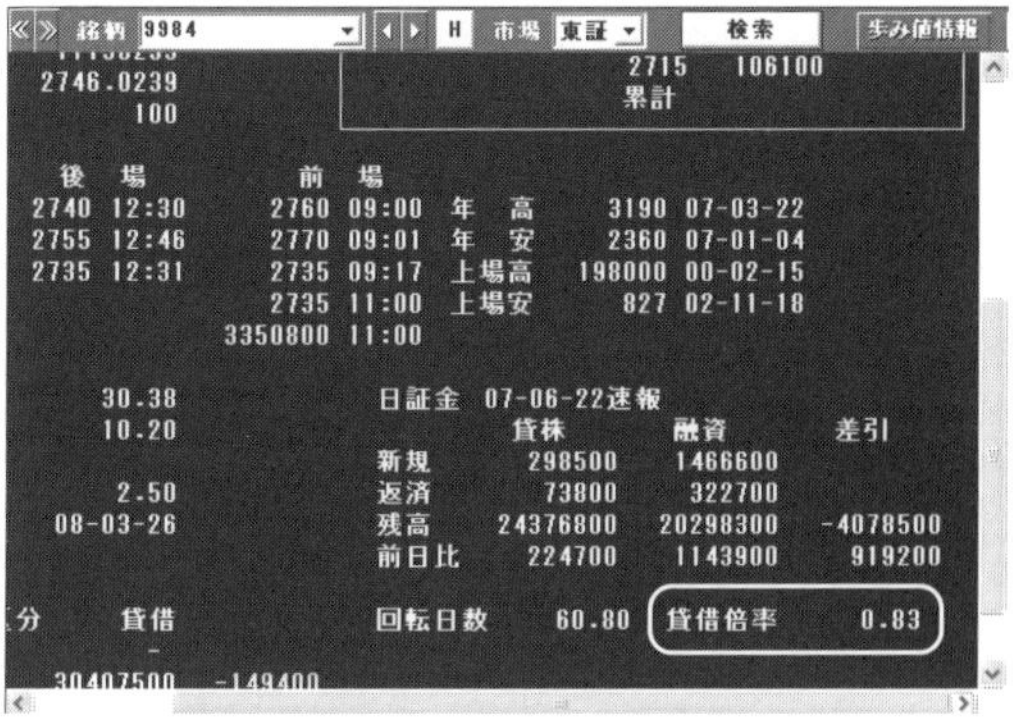
銘柄 9984
H
市場 東証
検索
歩み値情報
2746.0239
100
2715 106100
累計
後 場
前 場
2740 12:30
2755 12:46
2735 12:31
2760 09:00 年 高 3190 07-03-22
2770 09:01 年 安 2360 07-01-04
2735 09:17 上場高 198000 00-02-15
2735 11:00 上場安 827 02-11-18
3350800 11:00
30.38
10.20
2.50
08-03-26
日証金 07-06-22速報
貸株 融資 差引
新規 298500 1466600
返済 73800 322700
残高 24376800 20298300 -4078500
前日比 224700 1143900 919200
貸借
回転日数 60.80
貸借倍率 0.83
30407500 -149400

数値高いと買い残多く
数値低いと売り残多い

POINT

売り残と貸借倍率の推移を確認しよう!

売り残が多いと株価上昇に影響を与える

日本の株式市場が上昇トレンドにあることから、私は、買い残よりも売り残をよく見るようにしています。なぜなら、**売り方の買戻しが上昇スピードに拍車をかけてくれるからです**。

どちらを参考にするのかは、株式市場のトレンドによって絶えず変化していく必要があるとは思っています。

ちなみに、貸借倍率を見る際、私は逆日歩も参考にします。逆日歩は、空売りを行う人が決済までに支払うコストのことです。信用取引の売りというのは、株を借りてきて売るという手法ですから、その株が市場で不足気味ならば借り賃が発生するのです。そして、その逆日歩の発生した銘柄の場合は、売り方の断続的な買戻しが入ることが多いので、株価の上昇が期待できると考えて行動しています。

図08 -2 ▶ 信用売りの仕組みと逆日歩

信用売りとは

信用売りとは、持っていない株を借りて、売る取引のこと。決済の時には、買い戻すことになる。

株価下落が予測できる時に利用し下落が儲けとなる。

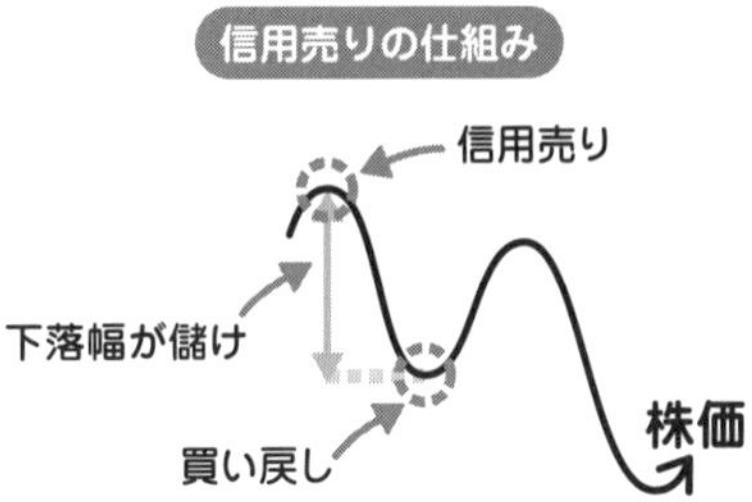
信用売りの仕組み
信用売り
下落幅が儲け
買い戻し
株価

逆日歩とは

信用売りを行った人が払う手数料のこと。株数が不足して少ない時に発生する。

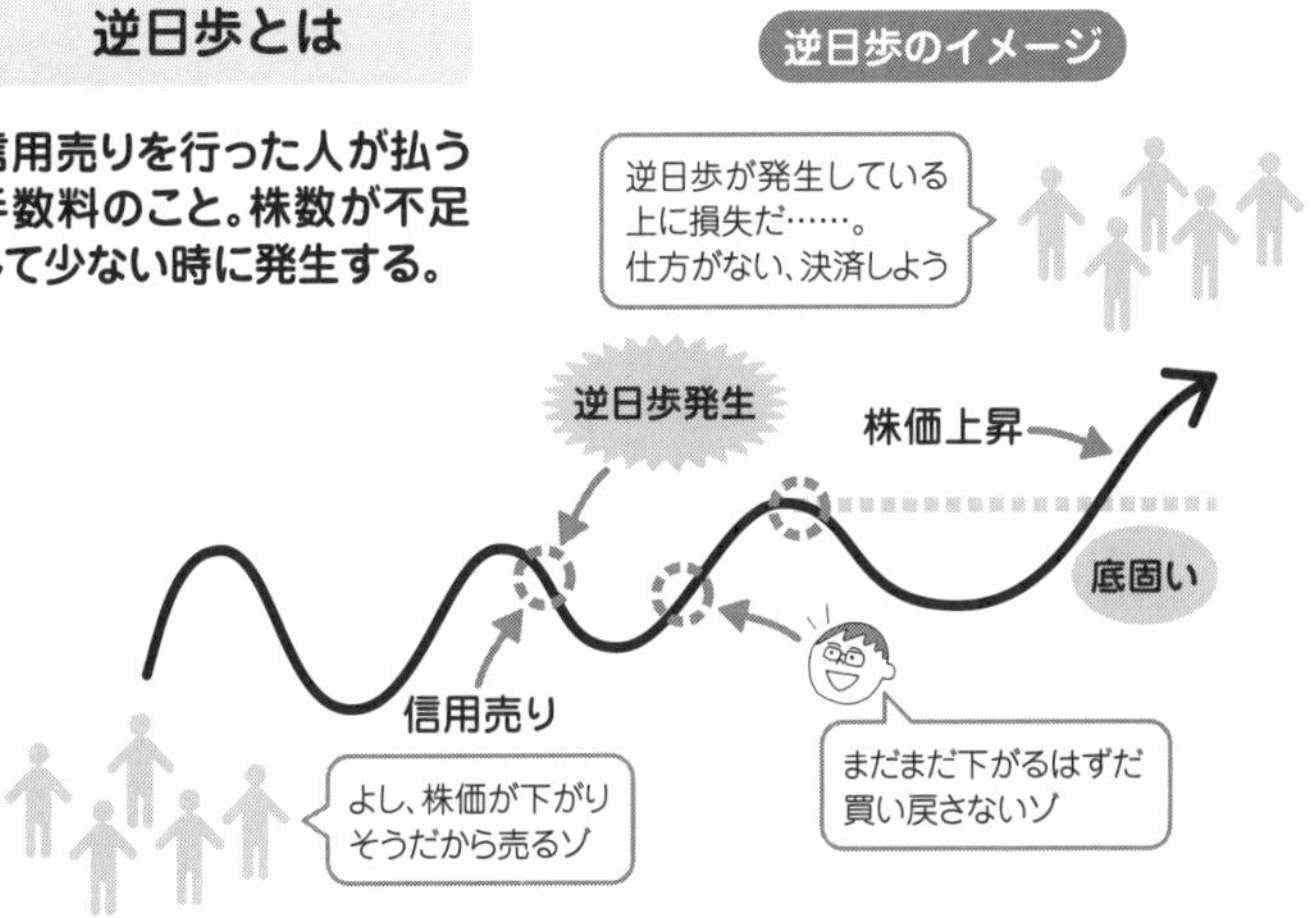
逆日歩のイメージ
逆日歩が発生している
上に損失だ……。
仕方がない、決済しよう
逆日歩発生
株価上昇
底固い
信用売り
よし、株価が下がり
そうだから売るゾ
まだまだ下がるはずだ
買い戻さないゾ

POINT

逆日歩が発生した銘柄はその分、
買い戻し＝株が買われるため、
株価の上昇が期待できることが多い

09

確実に約定させる指値の入れ方

私が注文を出す時は、指値注文が基本です。なぜ指値注文を利用するのかと言うと、「今買わないと乗り遅れる」などと周囲の状況に流されている場合に成行注文を利用することが多いからです。

とは言え、指値注文の場合には、その価格にならないと約定しません。ですから、確実に注文を約定させるために、買いの場合は考えている価格から少し上、売りの場合は少し下にずらした価格で指値注文を入れるようにしています。

板情報を見ていると、たとえば１０００円や２０００円という風に、きりのいい数字にたくさんの注文が入っていることがあると思います。株価がその価格になったとしても、どれだけの注文が約定するかはわかりません。ですから、**確実に約定させるために、たとえば買い注文なら１０００円の10円上の１０１０円という風に価格をずらして注文するのです**。売りの場合には、１０００円の10円下の９９０円という風にです。確実に約定できるように、価格を少しずらして注文を入れるのがオススメです。

図09 ▶ 指値はこうやって入れよう

成行注文 → すぐに約定させたい時。約定するまで価格がわからない

指値注文 → 価格を指定できる。ぴったり価格が合わないと約定しない

売り注文

3000	103	
4000	102	
2000	101	
100000	100	
	99	4000
	98	3000
	97	5000

買い注文

キリのよい価格に注文が集まる事が多い

↓

売り注文なら99円、買い注文なら101円という風に少しずらして注文するのがコツ

POINT

周囲の勢いに流されないように、指値注文が基本です

10 ダマシを避けるための方法

株を取引する時に、どうしても避けては通れないものにチャートの「ダマシ」があります。たとえば、大陽線が発生して上昇トレンドに転換したと思って株を買ったら、その大陽線は実はダマシだったというのはよくあることです。ダマシかを確認するためには、買い急がない、そして、売り急がない、を実践するしかないように思っています。

私は普段、日足チャートを中心に売買をしていますので、より期間の長い週足チャートや月足チャートを使うことで、ダマシを避けられる確率が高いように感じています。というのも、日足チャートでは直近の株価動向を分析できますが、週足チャートや月足チャートではより長い期間の株価動向を分析できます。ダマシは長期的な株価の動きに逆らっていることが多いので、週足チャートや月足チャートを確認することでダマシを回避できる可能性が高いからです。

自信を持ってダマシかを判断できるように、普段の取引よりも長期的な株価動向を参考にするのがよいと思います。

図10▶ダマシを未然に防ぐために

ダマシとは……

たとえば株価が上がると見せかけておいて買わせて、実際には下落すること。もちろん、下落すると見せかけて上昇することもある。

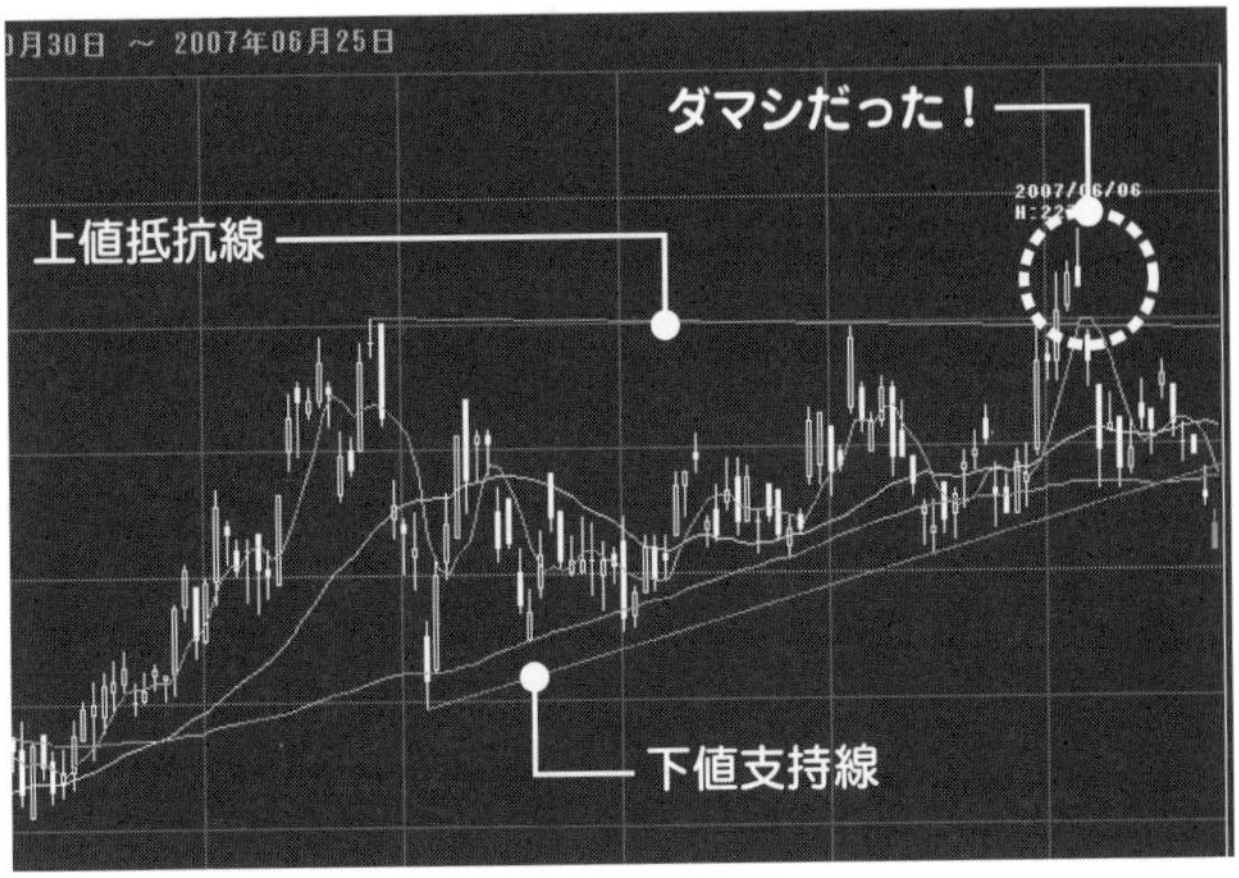
月30日 ～ 2007年06月25日
ダマシだった！
2007/06/06
上値抵抗線
下値支持線

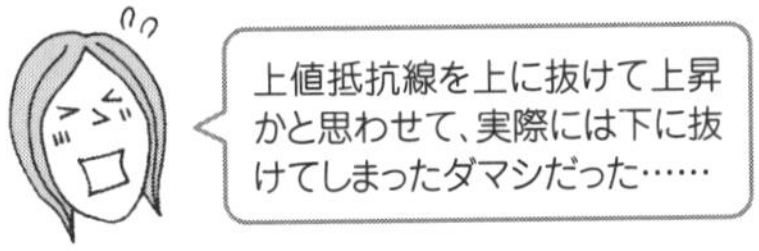
上値抵抗線を上に抜けて上昇かと思わせて、実際には下に抜けてしまったダマシだった……

POINT

ダマシをできるだけ避けるには

①週足チャートや月足チャートなど、より期間の長いチャートを活用する

②少しゆったりと待ちの態勢の取引を心がける

第6章

ポイント6

マイペースで投資して
資産10倍を達成できる、
横山流売買ルールはコレ!

01 毎月10万円、投資資金10%の利益を目指す

私が投資を始めた時の投資資金は１００万円。１年間に１００万円ずつふやし、１００万円を10年かけて１０００万円にふやしたいと漠然と思っていました。

投資資金１００万円で新たに１００万円増やすためには、２倍のパフォーマンスを目指さなければなりません。２倍というと大変そうに聞こえますが、私は「毎月10万円儲ければ、１年間で１２０万円になるはず。20万円は損をした時の保険にしよう。１カ月（20日）で10万円なら１日５０００円儲ければいい」と考えました。１カ月で10万円よりも１日５０００円と目標を小さくすると、なんだか達成しやすそうな感じがしたのです。実際には、10万円以上儲かる時もあれば、10万円も儲けられない時もありました。しかし、**損をした時の保険として20万円を考えておいたおかげで、比較的余裕を持って取引することができました**。さらに、目標を一度達成できると、それなりに自信がついて取引が楽しくなるというメリットもありました。ですから、毎月10万円、投資資金の10%を目標に、皆さんも毎月取引してみてはいかがでしょうか？

図01 ▶ 元手100万円で毎月10万10%の利益を目指す

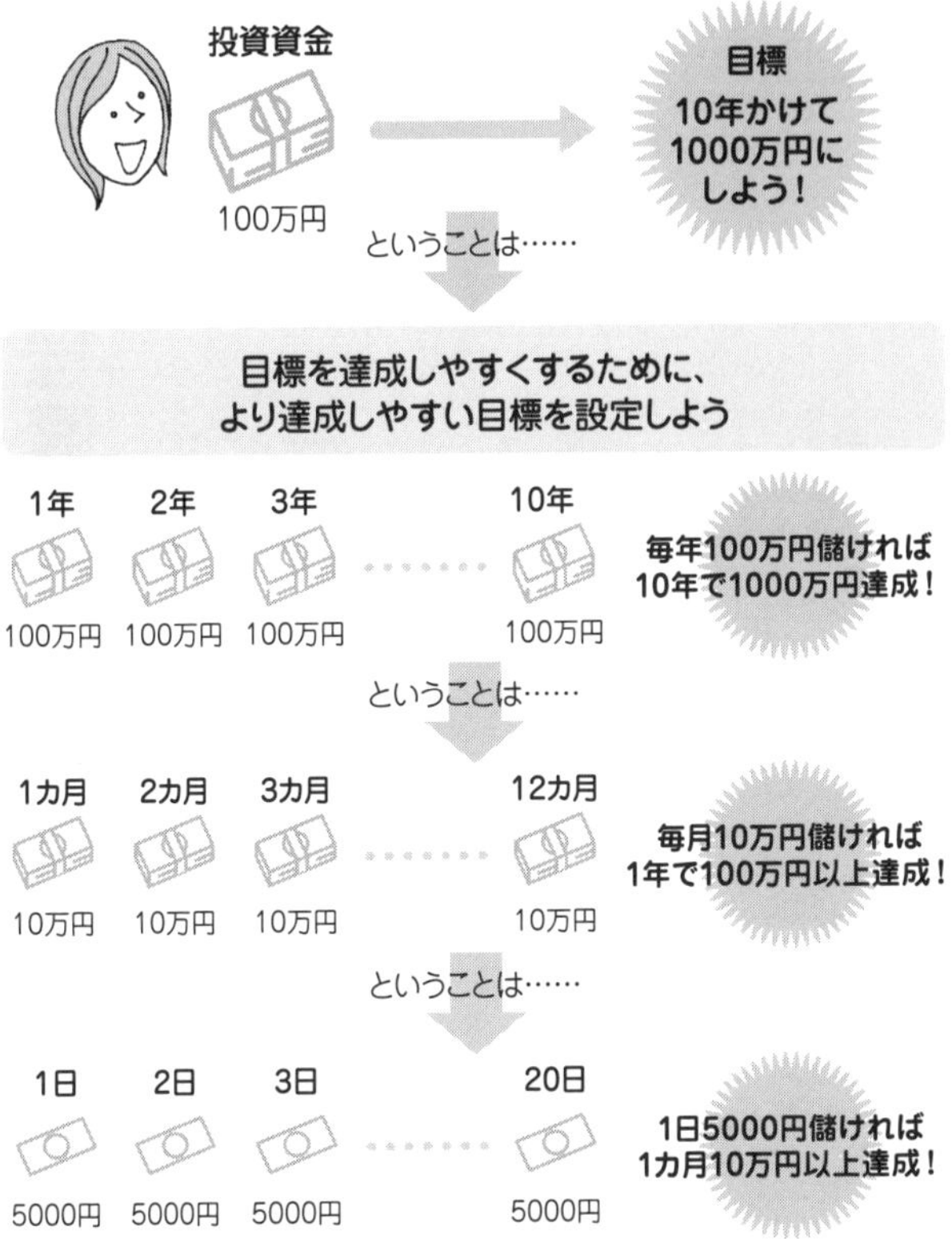
投資資金
100万円
目標
10年かけて
1000万円に
しよう!
ということは……
目標を達成しやすくするために、
より達成しやすい目標を設定しよう
1年
2年
3年
10年
100万円
100万円
100万円
100万円
毎年100万円儲ければ
10年で1000万円達成!
ということは……
1カ月
2カ月
3カ月
12カ月
10万円
10万円
10万円
10万円
毎月10万円儲ければ
1年で100万円以上達成!
ということは……
1日
2日
3日
20日
5000円
5000円
5000円
5000円
1日5000円儲ければ
1カ月10万円以上達成!

POINT

高い目標でも、視点を変えて
実現できそうな目標に変えてみよう!

02

資金を全部つぎこんではダメ！まずは半分程度のお金から

私は当初、「たくさん株を買えば、たくさん儲かる」と考え、投資資金１００万円全部をつぎこんで株を取引していました。株価が思惑通り上昇した時には、お金をつぎ込んだ分だけ儲かりました。

しかし、株価がいつも思い通りに動くとは限りません。たくさんのテクニカル分析を駆使して株価の先行きを分析しても、株式市場が暴落するような時には、目の前のテクニカル分析は次々と外れてしまいます。

このような時に「もう底だろう」と安易に株を買ってしまうと、買った後もずるずると株価が下がり、含み損を抱えてしまうことがありました。こうなると資金を全部使っていると身回きがとれなくなってしまいます。**いつでも、誰にでもこうした事態は起こり得ますので、常に対処法を考えておくことが大切**です。

ポイント6　マイペースで投資して資産10倍を達成できる、横山流売買ルールはコレ!

図02-1 ▶ たくさんお金をつぎこめば儲けもデカイが……

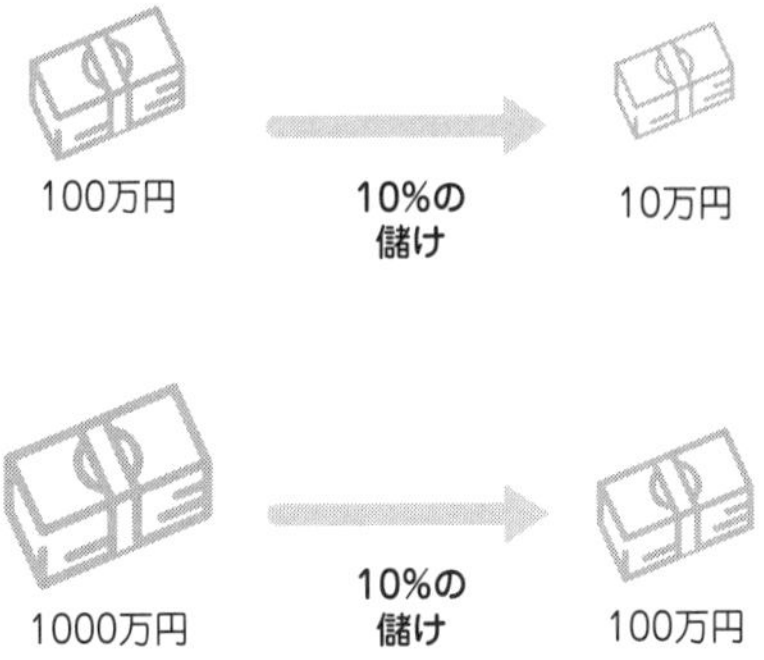
100万円
10%の儲け
10万円
1000万円
10%の儲け
100万円

同じ10%の儲けなのに、儲けで見ると10倍の開きがある

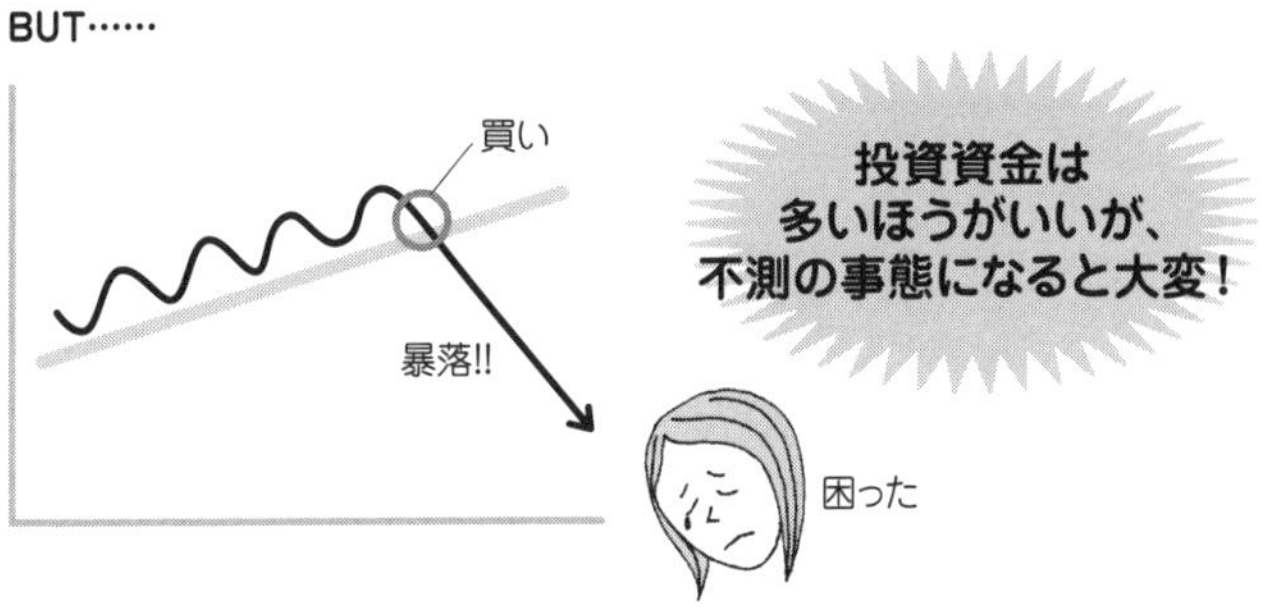
BUT……
買い
暴落!!
投資資金は
多いほうがいいが、
不測の事態になると大変！
困った

POINT

安易な全力買いは、株価が暴落する局面などの不測の事態で大きな損失を発生させる

ナンピンを使える人と使えない人の差は大きい

たとえば、１００万円のお金全部で株を購入したとします。投資資金はすべて使い果たしていますので、株価が下がったら、下がり続けるのをあきらめて見守るか、思い切って損切りするしか方法がありません。もし投資資金１００万円の内の50万円を残し、50万円だけで株を購入していたらどうでしょうか？　まだ50万円は残っていますので、残りの50万円で株価が安くなった同じ株を購入して、購入価格を引き下げることができます。いわゆるナンピンです。そして、その後運よく株価が上昇したら、ナンピンを行って購入価格を引き下げたおかげで、早く利益を出すことができるのです。

また、投資資金の半分の資金での投資であれば、株価が下がっても、全額投資した場合の半分の損失で済みます。さらに、半分の投資資金がまだ残っていれば、ナンピンではなく新たな銘柄を買うこともできます。**どんな時も余裕を持って取引できるように、予定の半分程度の金額から投資を始める**とよいでしょう。

図02-2 ▶ 不測の事態に備えて、投資資金は全部使わない!

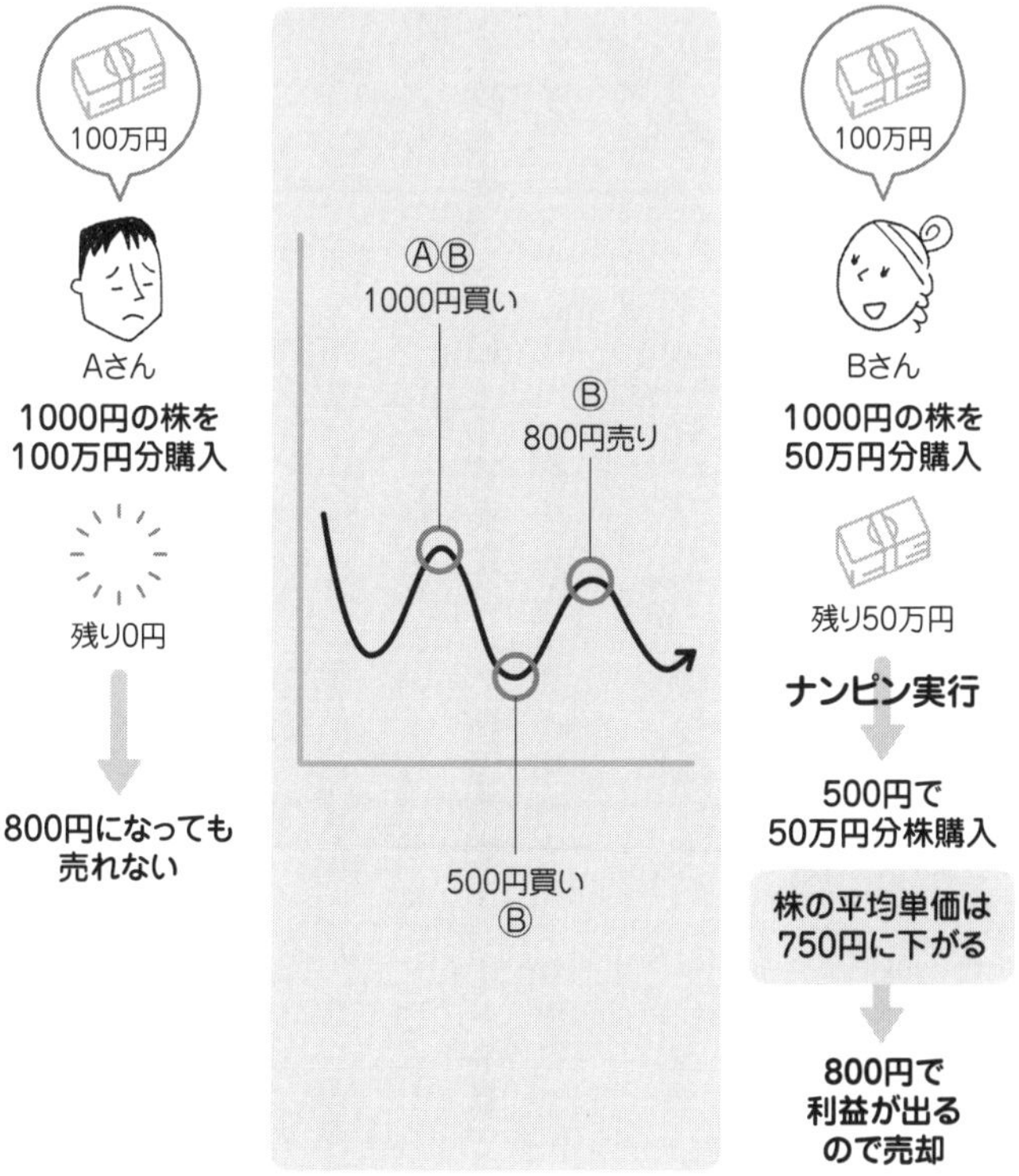
100万円
Aさん
1000円の株を
100万円分購入
残り0円
800円になっても
売れない
ⒶⒷ
1000円買い
Ⓑ
800円売り
500円買い
Ⓑ
100万円
Bさん
1000円の株を
50万円分購入
残り50万円
ナンピン実行
500円で
50万円分株購入
株の平均単価は
750円に下がる
800円で
利益が出る
ので売却

POINT

何が起こるかわからないのが投資の世界。
投資資金は計画的に使おう!

03 取引は指値で注文。最初の指値は変更しない

皆さんは、なぜ株を取引するのですか？　私は、儲けたいから株を取引するのです。しかし、この儲けたいという気持ちが曲者です。株価が値上がりすれば、「株価はもっと値上がりするだろう」などと、自分に都合のいいように考えてしまうからです。

こうした気持ちをコントロールするために、私は株価チャートを見て買い時と売り時を判断しています。売買する時の価格をあらかじめ株価チャートを見て決め、その価格、つまり指値で株を取引するようにしています。

株価ボードの板に張り付いて株を取引する時も以前はありました。しかし、株価ボードに張り付いていると、株価の動きに一喜一憂して、まったく考えていない値段で株を取引してしまうことも多々ありました。結局、欲に負けてしまったのです。その点、株価チャートを見て「いくらが買い（売り）だろう」と考えている時は、冷静に、そして客観的に株価と向き合うことができ、失敗も少なかったのです。**欲に負けやすいからこそ、私は次第に指値で株を取引するようになっていきました。**

図03-1 ▶ 周囲の状況に流されてはダメ!

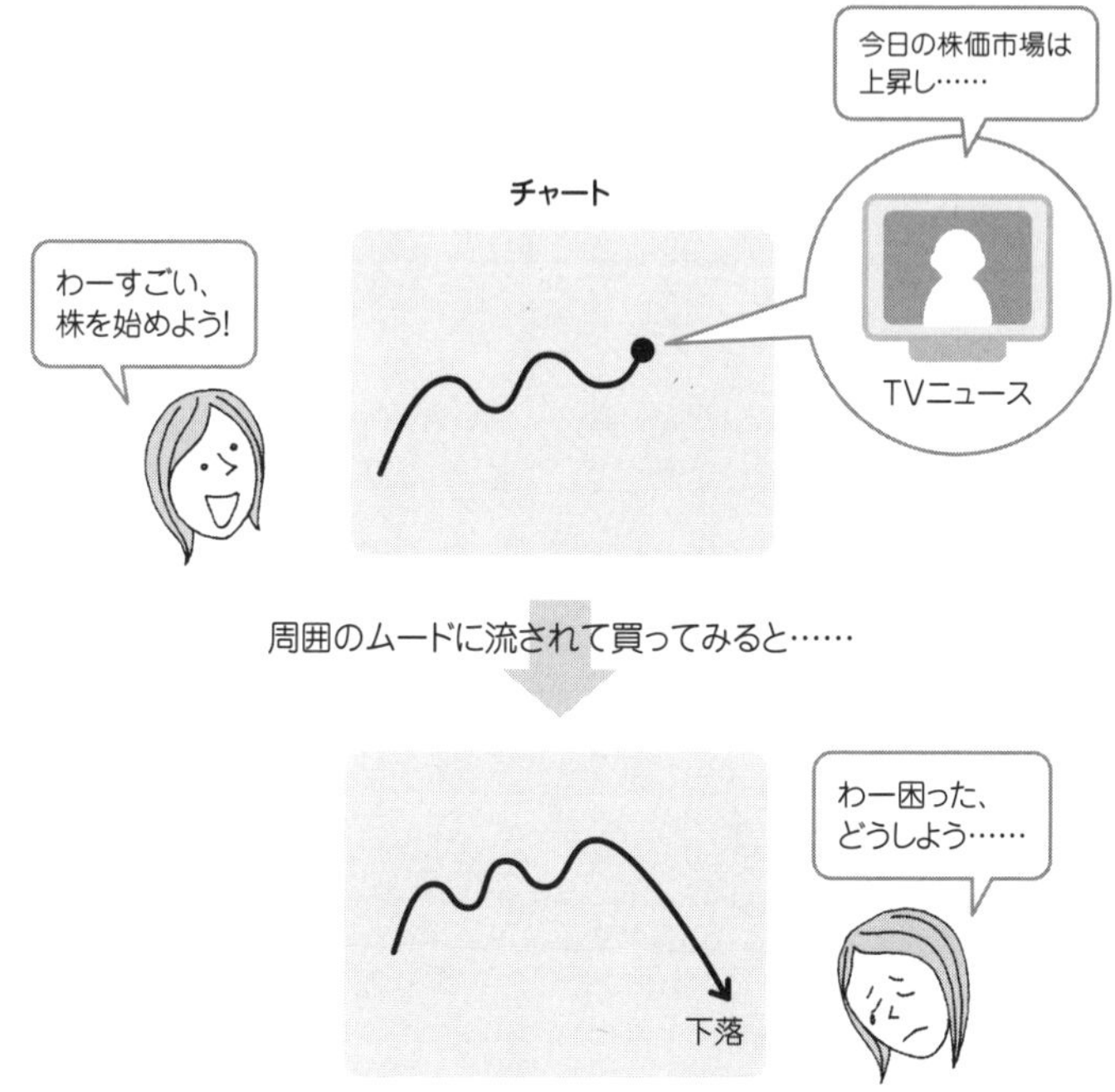
今日の株価市場は
上昇し……
チャート
わーすごい、
株を始めよう!
TVニュース
周囲のムードに流されて買ってみると……
わー困った、
どうしよう……
下落

冷静に分析するためにも、株価チャートを利用しよう

POINT

買いたい気持ちをコントロールできないなら
冷静になれる指値注文を活用しよう

約定しない場合は縁がないとあきらめる

しかし、指値で株を取引していると、1つだけ困ったことがあります。

それは、株価が指値に届かなければ株を買えないということです。当初は、株価が指値に届かず株を買えなかった自分の運のなさをひどくうらみ、指値を変更することもありました。

その指値で株を買えない（売れない）ということは、自分の株価チャートの見方がまだ甘いということの証です。結果として、指値を変更した時は損をすることが多くありました。以来私は、できるだけ最初の注文を訂正しないようにし、「株を買えなかったのは縁がなかったからだ」と深追いしないようになりました。深追いすればそれだけ損をする可能性が高くなりますし、その銘柄にこだわらなくても他の安い銘柄を取引すればいいと考えるようになったからです。**欲に負けてしまいがちな人は、株価チャートを事前に利用して指値で取引することをオススメします。**

図03-2 ▶ 指値はチャートを分析して決めよう

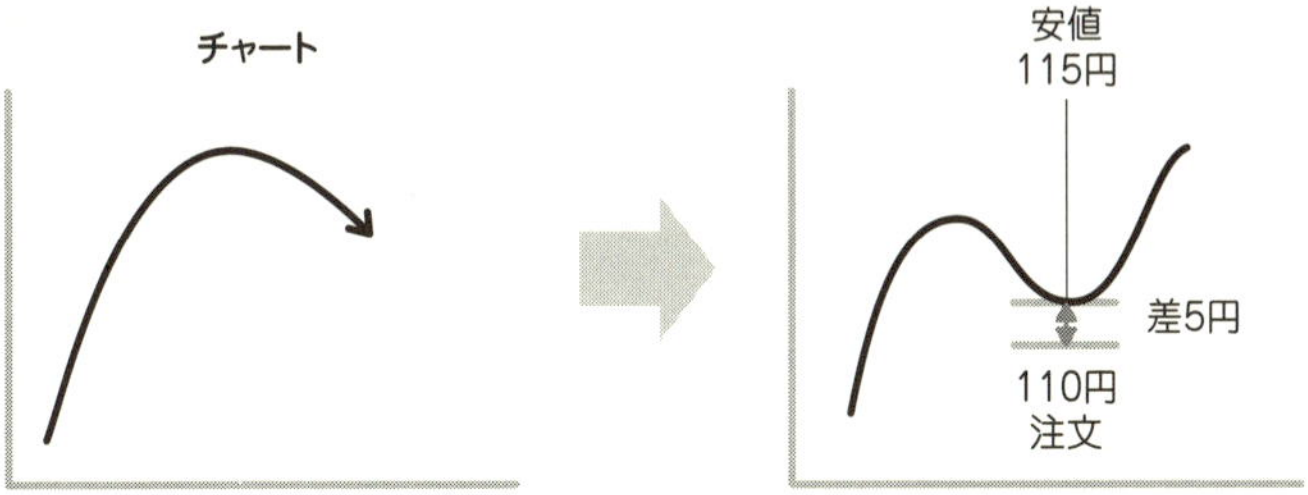
チャート
安値
115円
差5円
110円
注文

注文が約定しないのは、チャートの分析が間違っている証拠

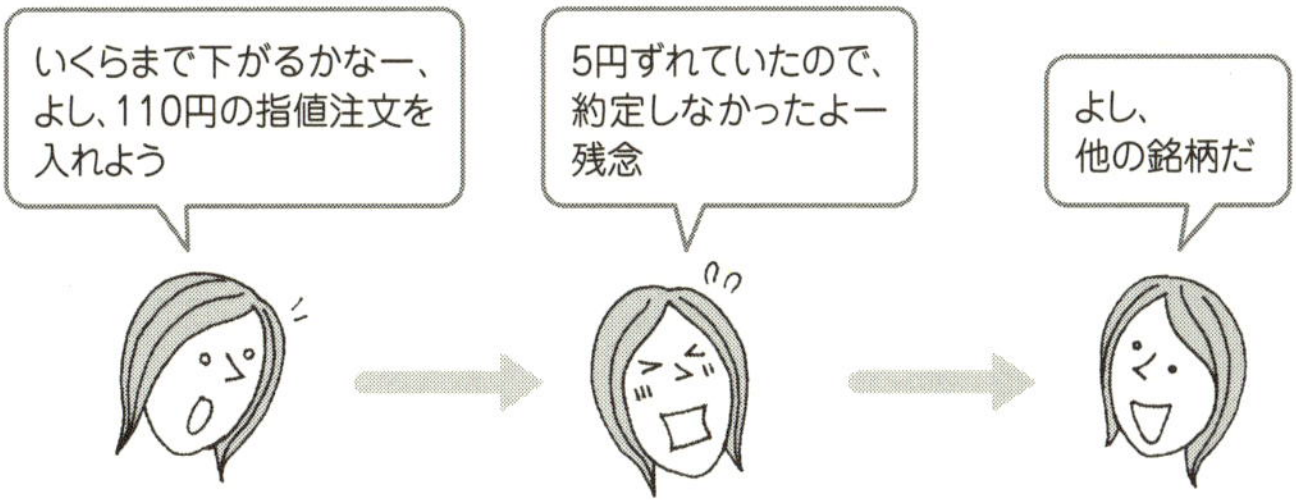
いくらまで下がるかなー、
よし、110円の指値注文を
入れよう
5円ずれていたので、
約定しなかったよー
残念
よし、
他の銘柄だ

POINT

約定しなくても、無理に追いかけない。
縁がなかったとあきらめて、
他の銘柄でチャンスを待つ

04

株式市場が盛り上がってきたら利益確定。総悲観の時こそ買いチャンス！

そもそも私が株を始めた頃は、日本経済の先行きは真っ暗で、悲観的な雰囲気が蔓延していました。株価が安くなったから、私は株式投資を始めたのです。しかし、株を買っていることを他の人に話すと、「こんな時に株を買うなんて横山さんは株好きですね。私は全部を普通預金に預けてます」と言う人もいるほど、多くの人が投資に対してネガティブなイメージを持っていました。

しかし、今はどうでしょうか？　１万円を割れていた日経平均株価はその後大幅に上昇し、「株価が上昇した」「日本経済の先行きに死角はない」などのニュースをよく聞くようになりました。私の周りでも株を始める人が増え、「株で儲けた」と話す人が出てくるようになりました。

人間の心理は不思議なもので、株で儲けたという話を聞いたり、明るいニュースが増えて株式市場の先行きに楽観的になると、これまでは「株は損をするから危ない」などと株式投資を敬遠していた人も、株を始めたいと考えるようになります。そして、株式市場が

図04-1 ▶ 他人に流されていては儲けることは難しい

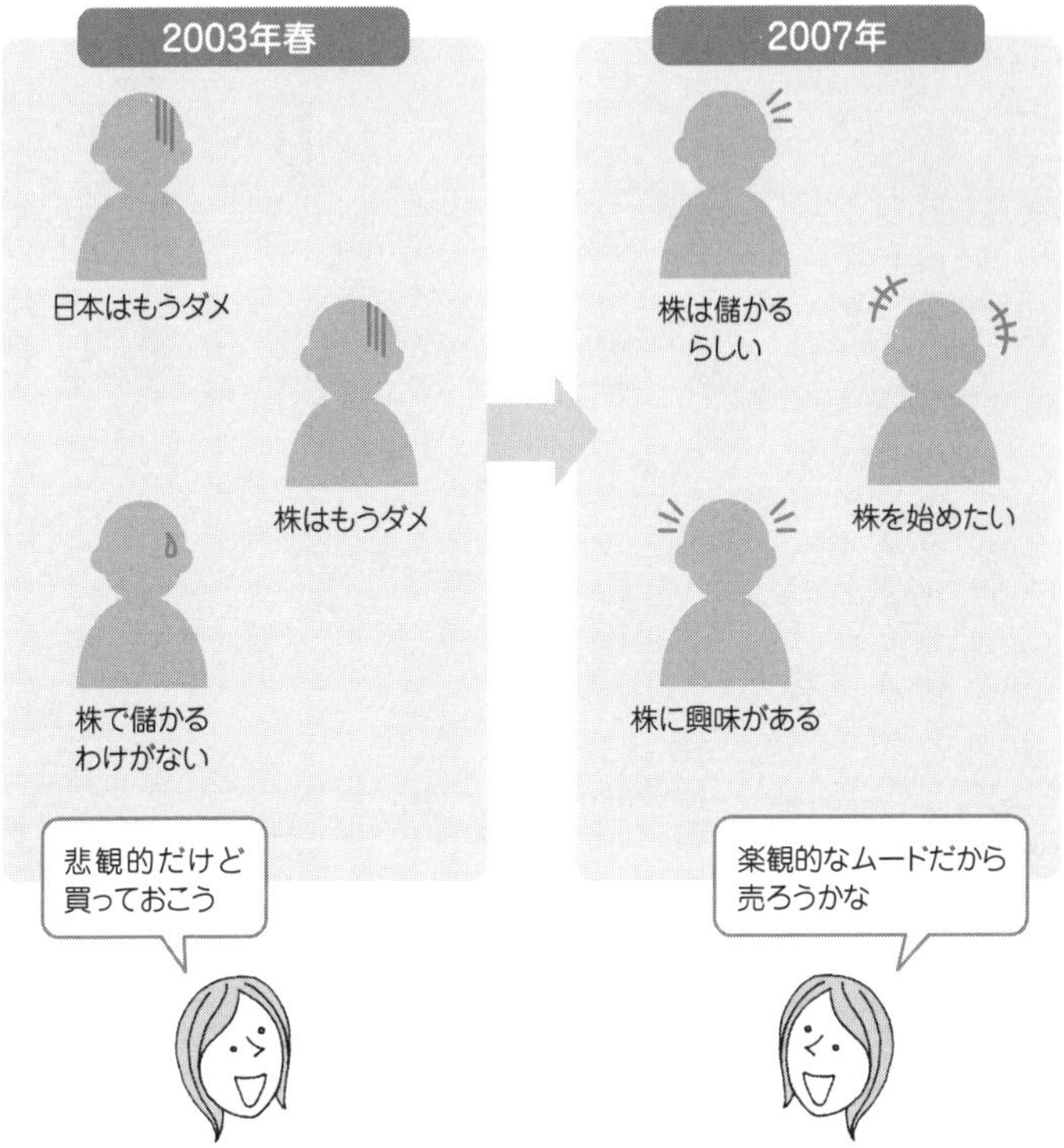
2003年春
日本はもうダメ
株はもうダメ
株で儲かる
わけがない
悲観的だけど
買っておこう
2007年
株は儲かる
らしい
株を始めたい
株に興味がある
楽観的なムードだから
売ろうかな

POINT

他人と同じことをしていては、
株で儲けることは難しい

活況になると株をテーマにした本が書店にあふれ、いよいよ株式市場は天井を迎えるのです。そのため、**私は株をテーマにした本が書店にあふれると、「そろそろ天井かもしれない」と考えるようにしています。**

夜明け前が一番暗い

株式投資は仲良しクラブではなく、勝つか負けるかのどちらかです。**他人と同じように株を買っていては、儲けることは難しいと言わざるを得ません。**

株にまつわる格言に、「夜明け前が一番暗い」という言葉があります。夜が明けたら必ず朝になるのにたとえて、株価が底をつけて上昇に転じる前がもっとも悲観的だということを表しています。バブル崩壊後、日経平均株価が1万円を割り込んでいた時、大多数の投資家は今後も株価は下落し続け、日本経済の先行きは真っ暗だと考えていたのでしょう。だから、日本中に悲観的ムードが蔓延していたのです。しかし、過去を振り返ってみれば、その時が夜明け前でした。周りが悲観的な時になって株価が安くなったら株を買い、盛り上がって株価が高くなったら株を売る。株式投資で儲けるためには、周囲と違う視点を持つことも必要なのです。

図04-2 ▶ 変化をとらえて儲けのチャンスにする

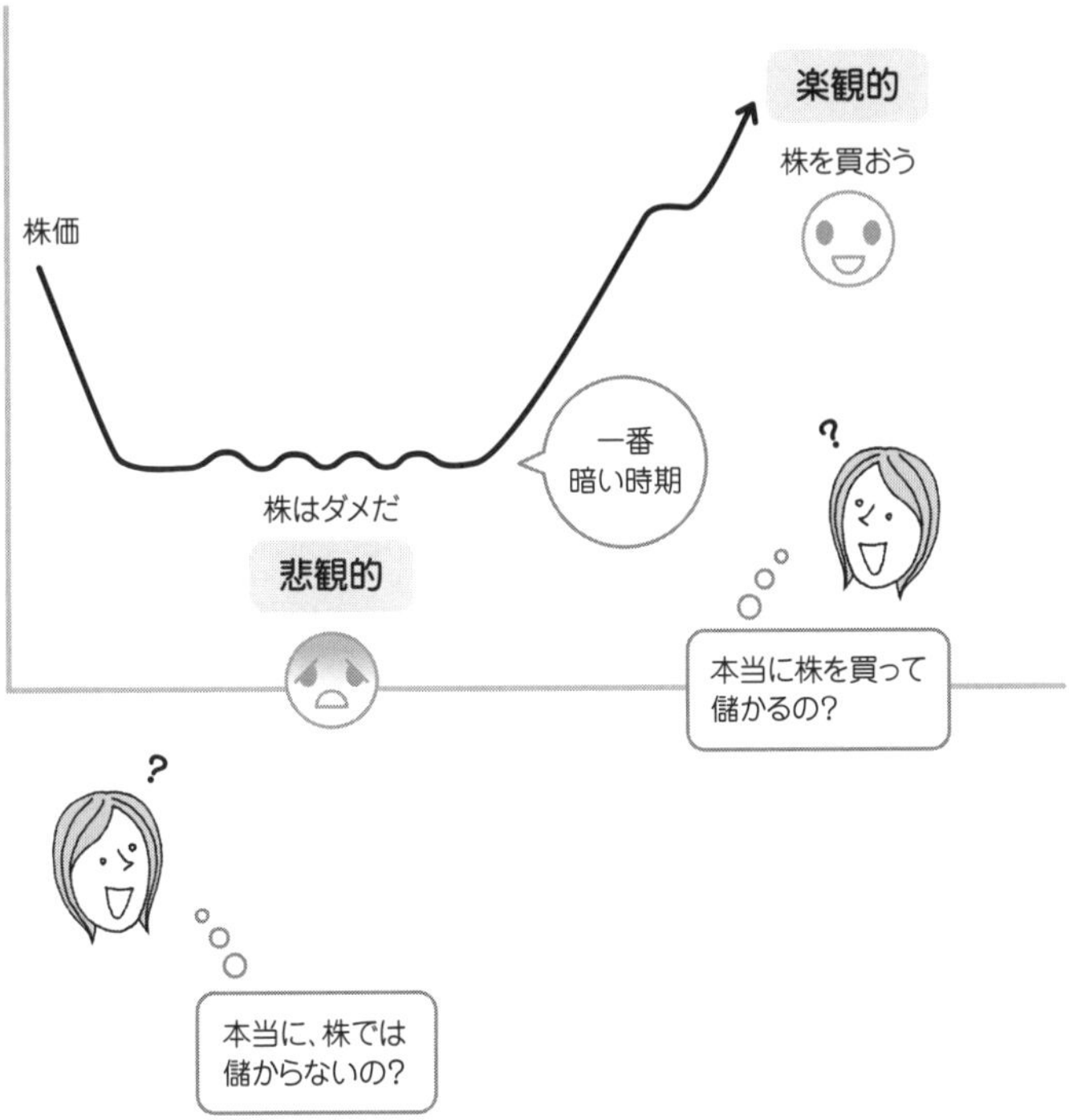
株価
楽観的
株を買おう
一番暗い時期
株はダメだ
悲観的
本当に株を買って儲かるの?
本当に、株では儲からないの?

POINT

いち早く株式市場や経済の変化に気づき行動することが大事

05

上昇トレンドのフルポジションは、儲けも損も大きい

株式市場が上昇トレンドにある時には、多くの人が株で儲かります。しかし、株式市場が上昇トレンドだから儲かっていることをすっかり忘れて、「自分って天才!?」などと自信過剰に陥る人が多くなります。損をすることなど考えていませんので、もっと儲けを大きくできる方法はないかと考え始めるようになります。そして、多くの場合、現状よりも多い株数で取引すれば儲けをもっと大きくできると考え、どんどん大きな金額で取引を行うようになっていくのです。しかし、**天井が訪れない株式市場はなく、いずれ必ず下落するのです**。頭ではそれをわかっていても、多くの人は欲に負け、天井が訪れることを否定してしまうものです。

上昇トレンドでのフルポジションは、確かに儲けを大きくできますがその損失も大きなものになります。株式市場がいったん天井を迎えれば下落のスピードはすさまじく、これまで築き上げてきた利益の大半を失ってしまうことになりかねません。利益を減らさないためにも、株式市場の動きに注意しながら取引していくことが重要なのです。

図05 ▶ 上昇トレンドの全力買いは要注意

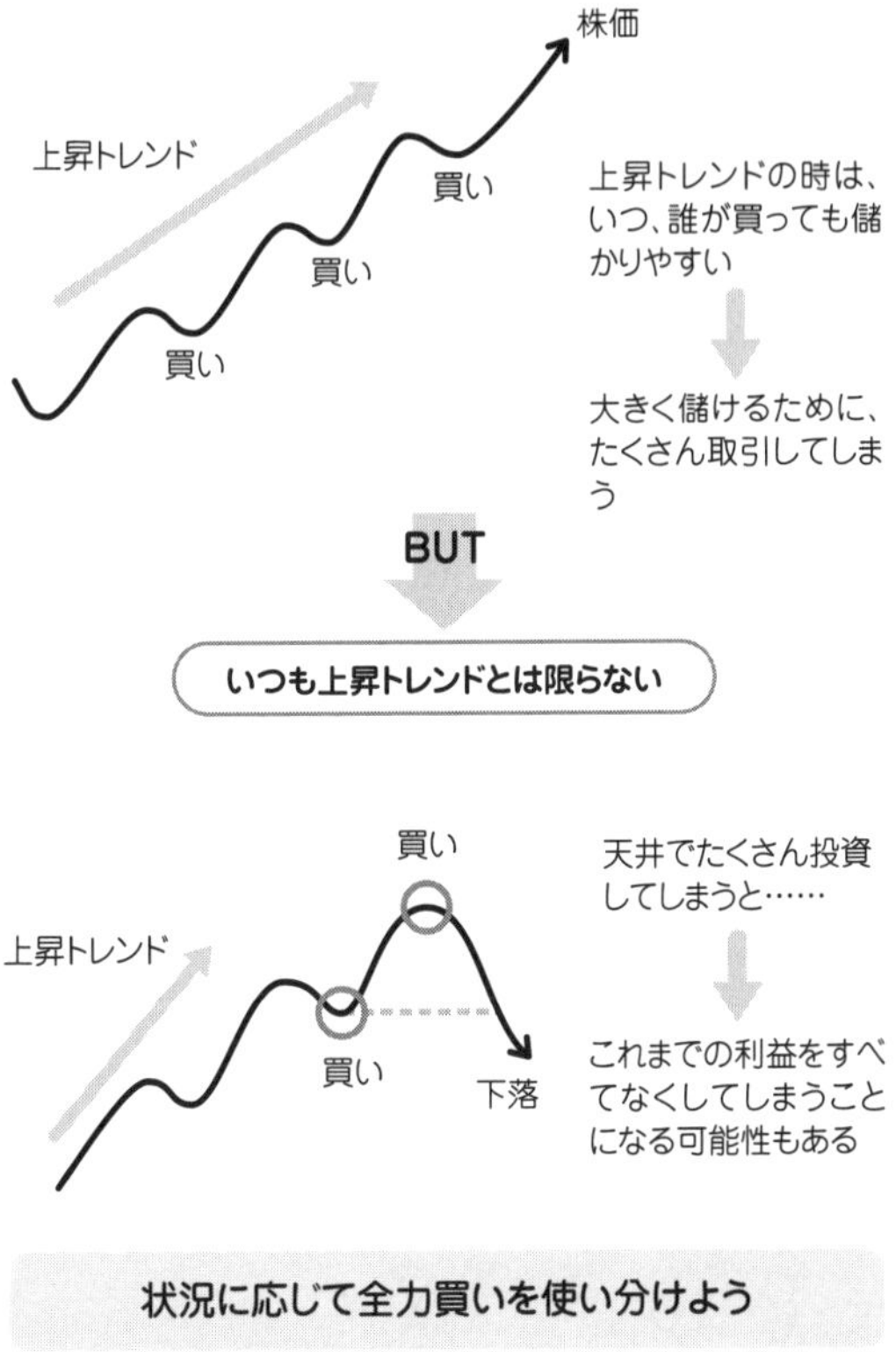
株価
上昇トレンド
買い
買い
買い
上昇トレンドの時は、いつ、誰が買っても儲かりやすい
大きく儲けるために、たくさん取引してしまう
BUT
いつも上昇トレンドとは限らない
買い
天井でたくさん投資してしまうと……
上昇トレンド
買い
下落
これまでの利益をすべてなくしてしまうことになる可能性もある
状況に応じて全力買いを使い分けよう

POINT

儲かることもあれば、損をすることもある。
全力買いは慎重に行おう!

06

値動きが大きいと儲けも損も大きく、値動きが小さいと儲けも損も小さい

株価が大きく動く株は、儲けも損も大きくなり、株価があまり動かない株であれば、儲けも損も小さくなります。この特徴を利用して、私は、値動きの大きな銘柄と株価があまり動かない銘柄を株式市場の動向で使い分けて取引するようにしています。具体的には、**値動きが大きい銘柄は、損失を被るリスクをできるだけ小さくするために、株価が安い時、つまり底値圏だろうと判断できる時に取引するようにしています。**底値圏であれば下値不安も少ないため、損失を最小限におさえられる可能性が高いからです。さらに、株価が底値圏から反発した時には、大きな儲けを期待できるからです。

一方、値動きが小さな銘柄は、儲けは小さくなりますが損失を小さくできます。ですから、私は、**株式市場が上値を追い始めてそろそろ天井という時に、あえて値動きが小さい銘柄を取引するようにしています。もし自分が株を買った後に株価が下落に転じたとしても、損失を小さくできる可能性が高いからです。**もちろん、さらに株価が上昇した場合の儲けは少ないものとなります。

株価の動きに合わせて取引銘柄を選別していくことで、リスクを調整することも大切だと思います。

図06▶値動きの大きさで銘柄を選ぶ

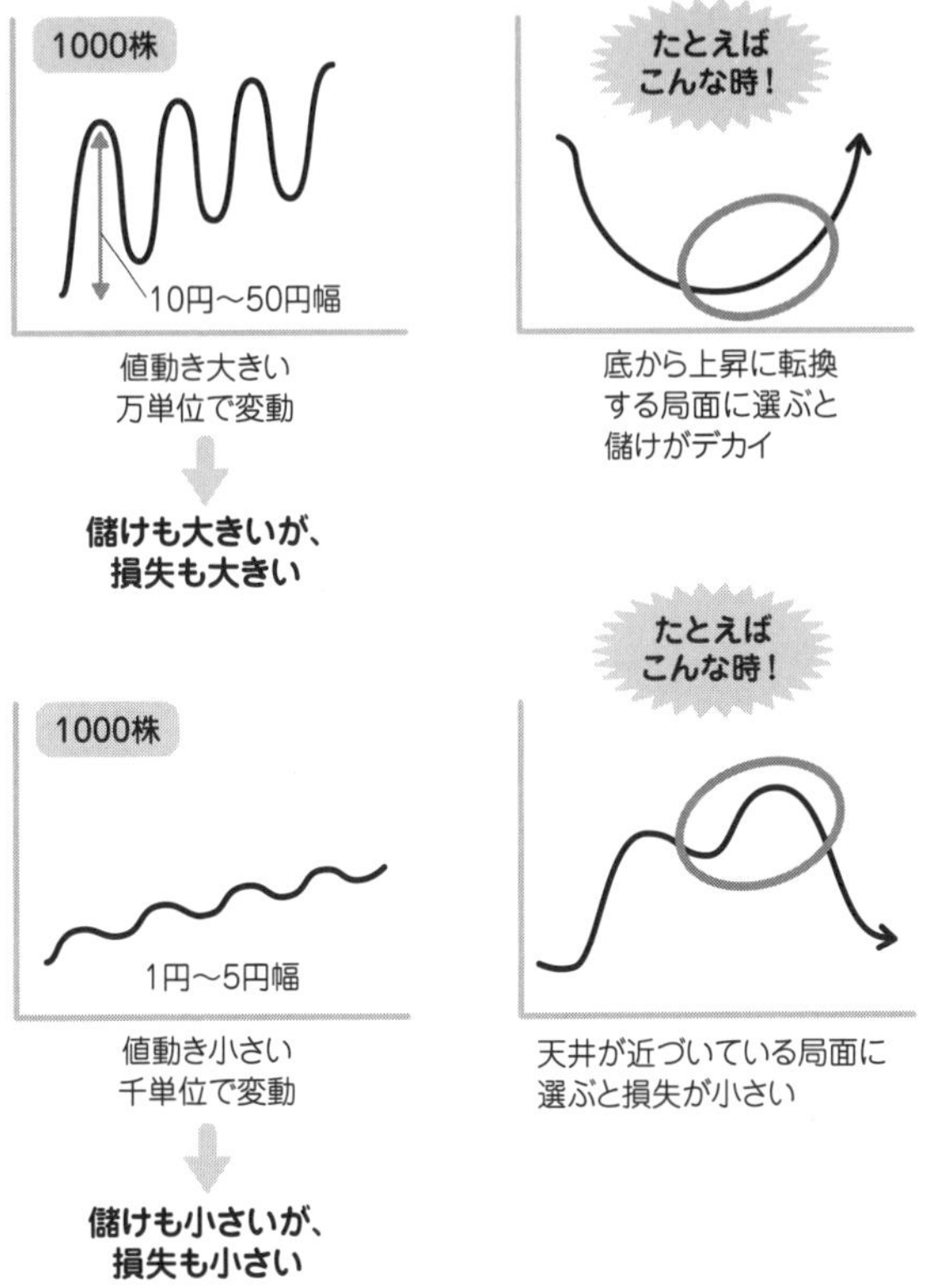
1000株
10円〜50円幅
値動き大きい
万単位で変動
儲けも大きいが、
損失も大きい
たとえば
こんな時!
底から上昇に転換
する局面に選ぶと
儲けがデカイ
1000株
1円〜5円幅
値動き小さい
千単位で変動
儲けも小さいが、
損失も小さい
たとえば
こんな時!
天井が近づいている局面に
選ぶと損失が小さい

POINT

銘柄によって値動きが違うので、
銘柄に合わせた取引をしよう!

07

損切りするなら買値撤退か、早めの撤退を

買った株の株価が値下がりして含み損を抱えた場合、とにかく早めに損切り（ロスカット）することが大切です。なぜなら、傷の浅い時でなければ、損切りを行うことは難しいからです。「10%下がったら損切りを」などとよく書いてありますが、取引金額が１００万円なら10%は10万円、５００万円なら50万円、１０００万円なら１００万円で、10%は同じでも金額には差があります。１００万円を躊躇なく損切りできる人は、そうはいないはずです。10%も値下がりするまでに、損切りする機会はたくさんあったはずです。もし5%値下がりした時に損切りをすれば、10万円の損失なら5万円、５００万円の損失なら25万円、１００万円の損失なら50万円で済むのです。

そもそも損切りは、天井で株を高値掴みをしたり、上昇トレンドの株を空売ったりと言う風に、安易な取引を行わなければ必要ないはずです。そして、「また持ち直すはずだ」などと自分の失敗を肯定しようとするから損切りが必要になるのです。できるだけ買った値段で株を売れるように、早々に損切りする潔さが重要です。

ダイヤモンド社
からの
お知らせ

経済小説の新たな才能を発掘すべく、「ダイヤモンド経済小説大賞」が、新たに「城山三郎経済小説大賞」に生まれ変わりました。

読者のみなさま、これまで4年間開催してまいりました弊社主催「ダイヤモンド経済小説大賞」の新たなスタートにつきまして、お知らせ申し上げます。

優れた経済小説家の発掘と育成のため、2004年にスタートしました同賞は、2007年で4回目を迎え、これまで大賞3作品、優秀賞3作品、佳作4作品を選出することができました。

次回より、経済小説の新たな地平を切り開くべく、このジャンルの生みの親であり、日本の文壇に大きな足跡を残された城山三郎先生のお名前を冠にいただき、「城山三郎経済小説大賞」として再スタートする運びとなりました。

経済小説はドラマとドキュメンタリーの顔を併せ持つ、世界的にも極めてユニークなジャンルの小説です。経済小説ジャンルの育成と書き手の発掘のため、あらためて全社を挙げて取り組んで参ります。

「城山三郎経済小説大賞」はどなたにでも門を開いております。意欲作を期待いたします。

2007年6月
ダイヤモンド社代表取締役社長
鹿谷史明

◆応募要項は裏面をご覧ください◆

図07 ▶ ロスカット基準を決めておこう

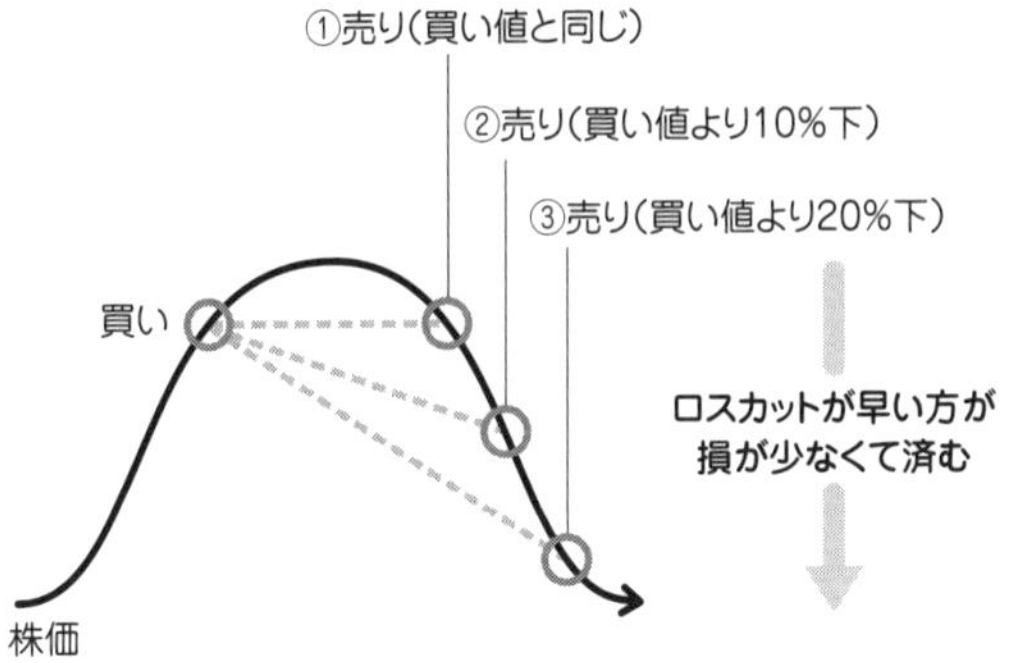
①売り（買い値と同じ）
②売り（買い値より10%下）
③売り（買い値より20%下）
買い
ロスカットが早い方が
損が少なくて済む
株価

	投資資金10万円	投資資金100万円
①	手数料だけ損	手数料だけ損
②	1万円の損	10万円の損
③	2万円の損	20万円の損

POINT

ロスカット基準が同じでも、
投資金額に換算すると損失額に差が出る。
自分に合った金額基準を知ろう

08

掲示板や雑誌などは必要なし。他人の情報に踊らされない

皆さんは、新聞や雑誌、掲示板などに書いてある株に関する情報をどの程度参考にしていますか？　私は、どんな投資法や金融商品が流行っているのか、時代のトレンドを知る時に新聞や雑誌、掲示板などを見たりします。しかし、それ以外の内容については斜め読み程度です。ある会社の業績を１つとってみても、業績が良いとする情報もあれば、悪いとする情報もあり、１つのテーマでも複数の見解があります。そして、その情報を良いと感じる人もいれば悪いと感じる人もいて、受け取る人によって感じ方は様々です。たくさんの情報を手に入れると、手に入れた分だけ迷ってしまうことになりかねないのです。

さらに、「こんないい会社なんだよ」と善意で情報を提供している人もいれば、「高値掴みをしてもらおう」と悪意で情報を提供している人もいます。どの情報が善意でどの情報が悪意なのかを見極めることは、とても難しいことです。たくさん情報を手に入れれば必ず儲かるわけではありません。他人の情報に踊らされないように、投資に役立つ情報を選別して活用していくことが大切です。

図08 ▶ 情報はたくさんあってもムダなだけ

雑誌
PC掲示板
新聞

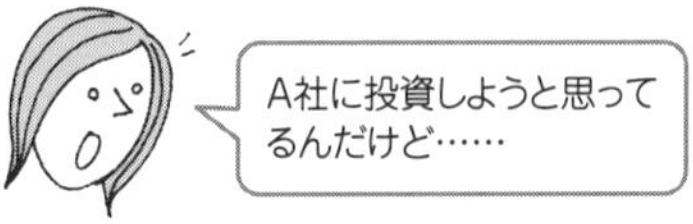
A社に投資しようと思ってるんだけど……

雑誌	掲示板	新聞
A社	A社	A社
評価◎	評価△	評価×

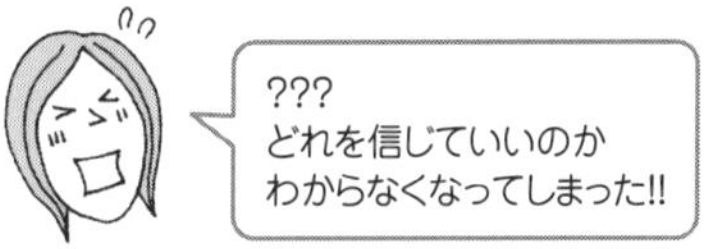
???
どれを信じていいのか
わからなくなってしまった!!

POINT

たくさんの情報を見ても迷うだけ!
自分の投資手法に合った、財務やチャートなどの数値を見て判断しよう

第7章

ポイント7

「配当」「優待」「信用取引」などの私なりの考え方とルールはコレ!

01 株主優待を狙うなら、複数単位で購入しよう！

私が株を始めた当初、株式投資は株価の値上がり益を得るだけで、株主優待や配当金はオマケだと思っていました。しかし、子供の成長とともに、最近は家族で楽しめる株主優待のある銘柄を選ぶ機会も増えてきています。

ここ数年、株式市場の上昇に伴って個別銘柄の株価も上昇傾向にあります。そのため、権利確定後に株を全部売却してしまうと、次に同じ株を購入しようとする時には株価が大幅に上昇していることがよくあります。

私は株主優待を継続的に受けたい場合が多いのですが、儲けも欲しいので、最初の購入時に複数単位で株を購入するようにしています。そして、権利確定後に株主優待を受けるために必要最小限の株数を残しておき、その他の株は権利確定日に関係なく株価の高い時に売却して利益を確定するようにしています。

というのも、私は「あの時あんなに安かったな」などと過去の安値にこだわる傾向があり、その水準にまで株価が下がることをつい期待して、買いチャンスを逃してしまう傾向

図01-1 ▶ 株主優待の基本は複数単位での購入

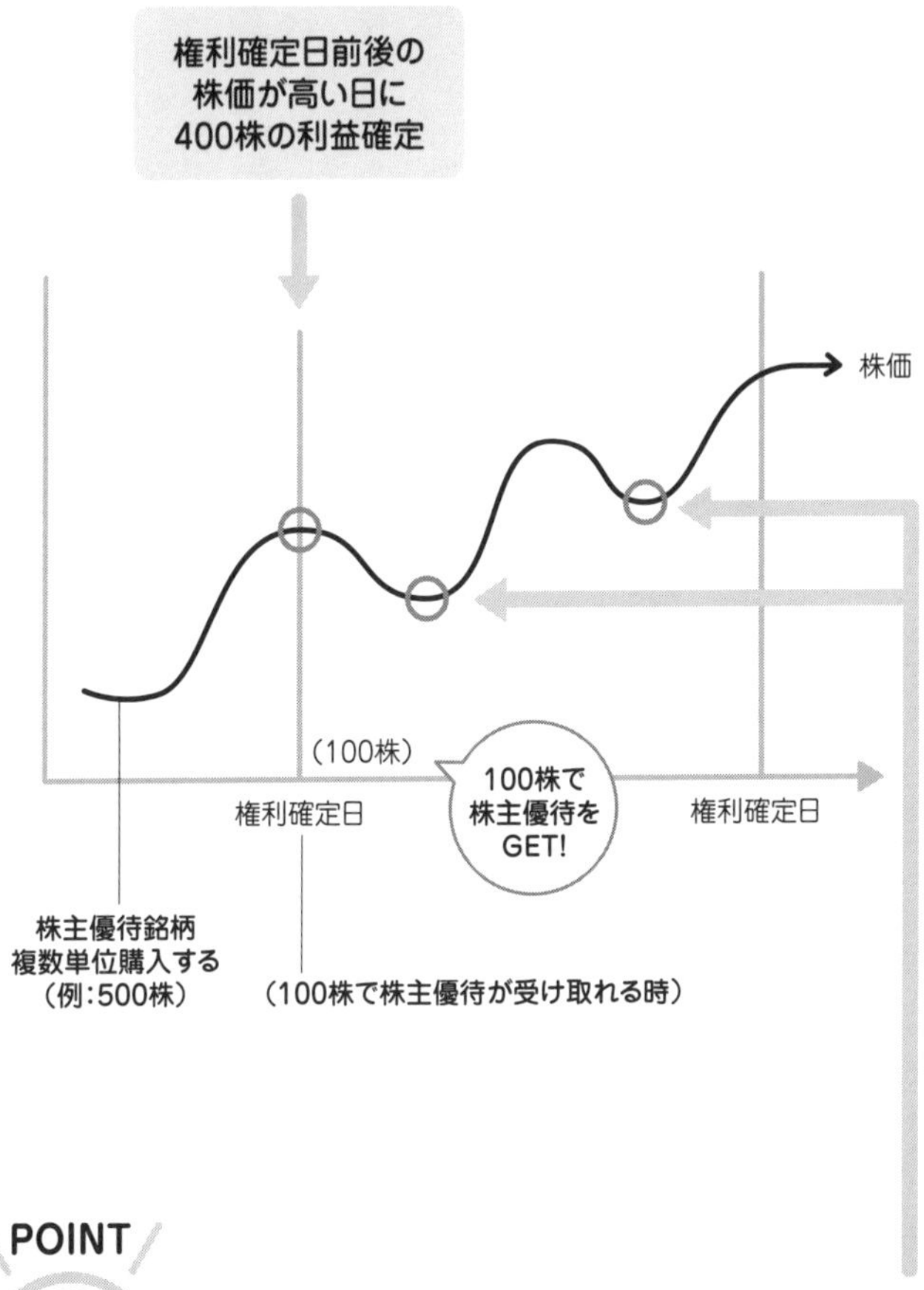
権利確定日前後の
株価が高い日に
400株の利益確定
株価
（100株）
100株で
株主優待を
GET!
権利確定日
権利確定日
株主優待銘柄
複数単位購入する
（例:500株）
（100株で株主優待が受け取れる時）

POINT

途中安い時に株数を買い増すのもOK。株主優待が不要になったら、株価が高い時に売却しよう!

があるからです。ただし、必要最小限の株数を残すことは、株主優待が不要になるまではどうしても中長期での保有になりますので、資金効率面からみればデメリットになってしまうことはあります。

信用取引の空売りを使うのは？

株の本には、現物取引で株を買って株主優待をゲットして、同時に信用取引で空売りをして権利落ちの株価下落に対処すると書いてあることもあります。個人的には、優待品だけを狙うために、わざわざ売買手数料や逆日歩などのコストをかけてそんなことをする必要があるかははなはだ疑問だと思います。

そんなムダなことをするよりは、基本は安い時に株を買って株主優待を得て、そして株を売却して利益を確定し、さらに権利落ちで株価が下がるのを狙って、空売りで儲ければいいのではないでしょうか。儲けることを第一に考えることが、株式投資では大切だと思います。

図01-2 ▶ 信用取引を使った株主優待取得のワザ

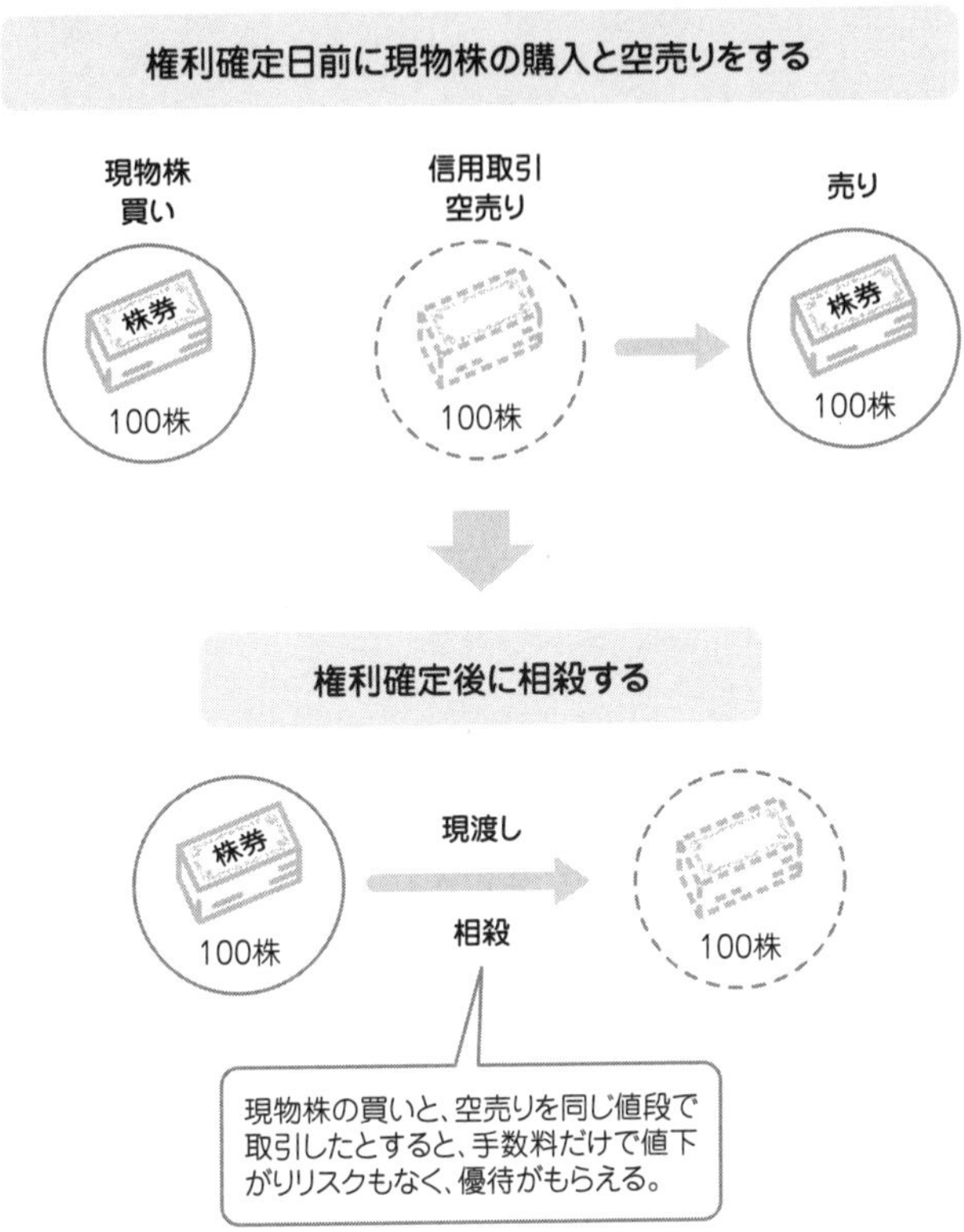
権利確定日前に現物株の購入と空売りをする
現物株
買い
信用取引
空売り
売り
株券
100株
100株
株券
100株
権利確定後に相殺する
株券
100株
現渡し
相殺
100株
現物株の買いと、空売りを同じ値段で取引したとすると、手数料だけで値下がりリスクもなく、優待がもらえる。

POINT

売買手数料や、空売りで逆日歩が発生するリスクを考えると、優待だけのために、この取引をするのはオススメしません!

02

配当金はあくまでもオマケとしてゲットしよう！

日本企業の業績が回復したことにより、ここ数年、配当金を増額する銘柄が増えています。そのため、配当金をもらいたいと考える投資家が多いようで、高配当の銘柄や権利確定日が近づいた銘柄などに人気が集まっているようです。私も配当金の支払通知書がくれば、配当金を受け取ります。しかし、私は値上がり益を得ることを重視して株を取引していますので、配当金はあくまでもオマケだととらえています。

私は、少ない資金の間は、長期で株を保有するよりも短期で回転させた方がお金を増やせるだろうと考えています。私の経験上、少ない資金でもらえる配当金はわずかなものでしたから、配当金をもらうよりも値上がり益の方が儲けは大きかったからです。企業業績の回復から増配傾向にある間は、配当金を狙い株を取引する方法もアリだとは思います。しかし、ある程度資金に余裕ができるまでは、**できれば配当金はオマケととらえて、値上がり益を重視した取引をしていく方がいいと思います。**

図02 ▶ 配当よりも、株の値上がり益!

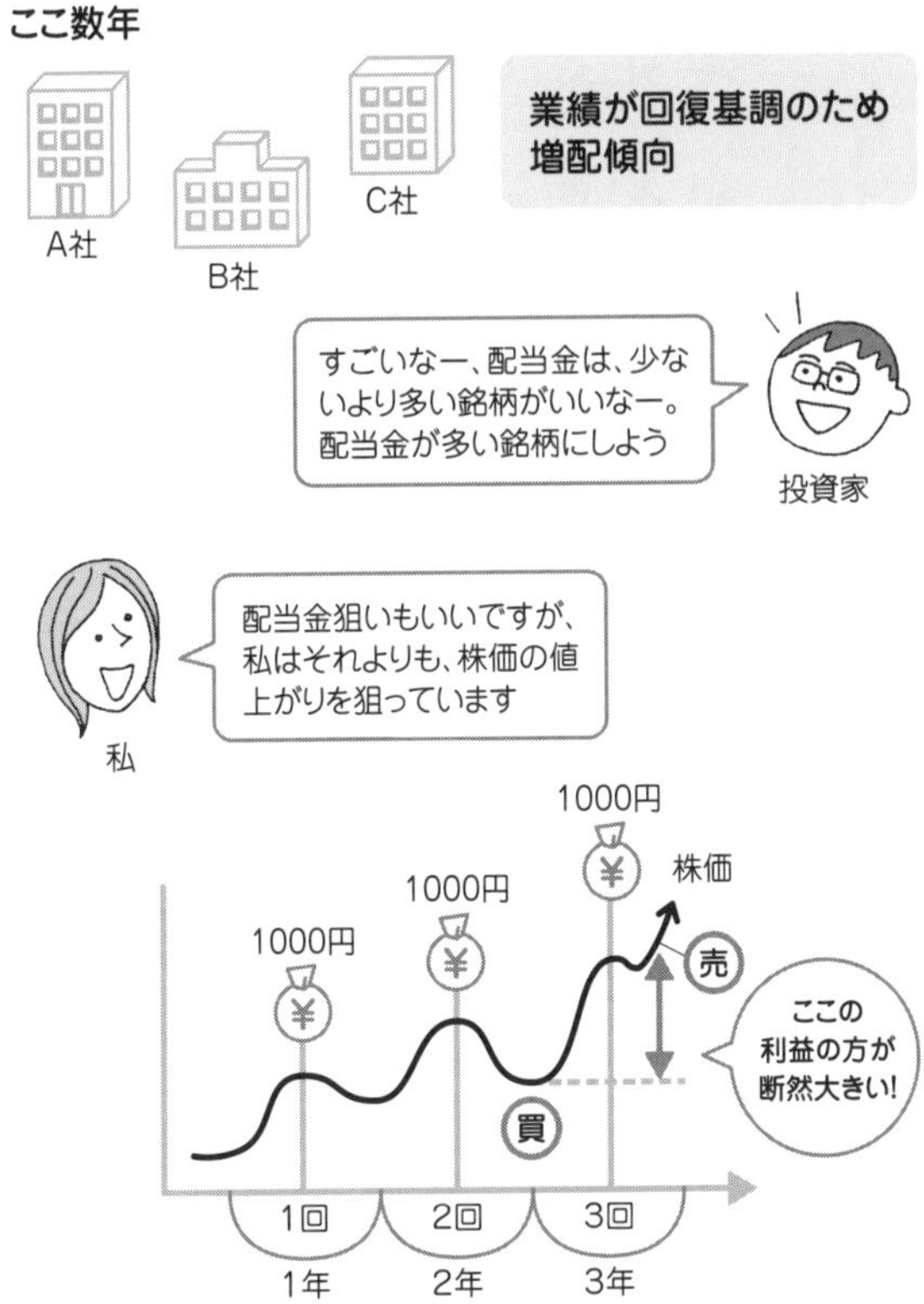
ここ数年
A社
B社
C社
業績が回復基調のため
増配傾向
すごいなー、配当金は、少ないより多い銘柄がいいなー。配当金が多い銘柄にしよう
投資家
配当金狙いもいいですが、私はそれよりも、株価の値上がりを狙っています
私
1000円
1000円
1000円
株価
売
買
ここの利益の方が断然大きい!
1回
2回
3回
1年
2年
3年

POINT

配当金額は投資金額に比例するので、投資金額が少ないと配当金も少ない。配当金は気にせずに投資しよう

03 信用取引は現物取引の補完。余裕を持って取引しよう！

株を取引している人の中には、信用取引を利用している人も多いと思います。信用取引とは、現金や株などを担保にして株を取引する証拠金取引です。注目を集める主な理由は、自己資金以上の株を取引できる点や、株価が下落した時に株を売るという取引方法（空売りといいます）が利用できる点などがあげられます。信用取引を利用することは悪いとは思いませんが、自己資金が少ない人や投資スタイルがまだ確立できていない人は、慎重に信用取引を利用すべきです。というのも、**信用取引では借金をして手持ち資金以上に株を取引できるため儲けは大きくなります。反面、損失も大きくなるからです。**損失によって証拠金を維持できなくなり、追証が発生してしまった場合、現金が多ければ追加の証拠金を入金することもできますが、現金が少ない場合には強制的に決済させられてしまうリスクがあります。

信用取引を利用する場合には、現金をできるだけ使わないで保証金枠に余裕を持たせて信用取引を行うか、現物取引を中心に取引して信用取引はあくまで補完という風に、余裕を持って利用するのがよいでしょう。

図03 ▶ 信用取引は余裕を持つことが大切

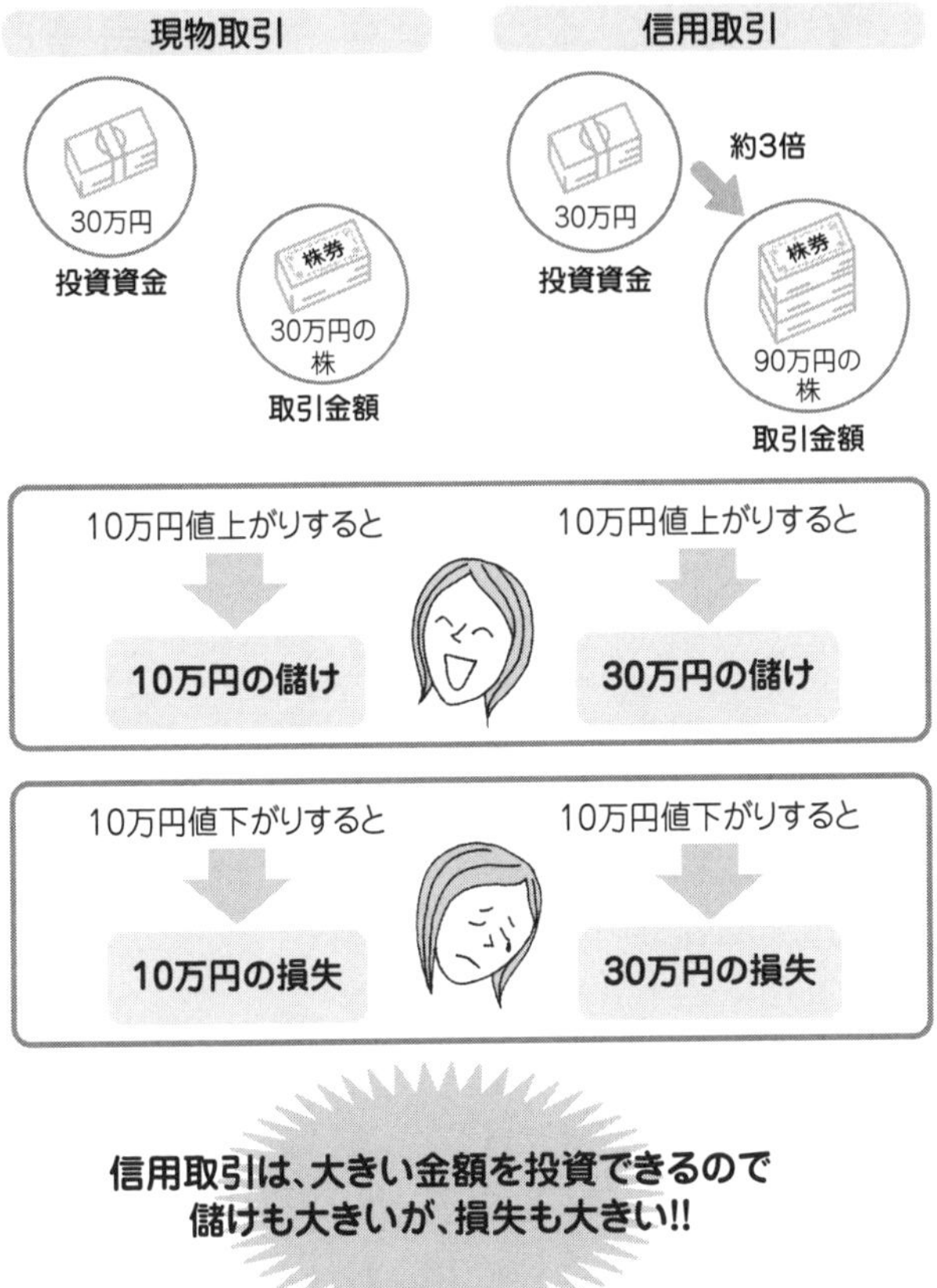
現物取引
信用取引
30万円
投資資金
株券
30万円の株
取引金額
30万円
投資資金
約3倍
株券
90万円の株
取引金額
10万円値上がりすると
10万円の儲け
10万円値上がりすると
30万円の儲け
10万円値下がりすると
10万円の損失
10万円値下がりすると
30万円の損失
信用取引は、大きい金額を投資できるので
儲けも大きいが、損失も大きい!!

POINT

信用取引は、利用できる額が大きくても余裕を持って使うことが大切！

04

自社株買いに注目して売買タイミングを考える！

私たちが取引している株は企業が発行した株なのですが、企業自らがその株を、自分たちのお金を使って買い戻すことがあります。これを「自社株買い」と言います。企業が自社株買いを行うと、発行済み株式数が減りますので、一株あたりの利益が増加することになります。こうした観点から、自社株買いは通常、投資家にとっては好材料とされています。一般的に、企業が自社株買いを行うとアナウンスすると、それを好感した買いが集まります。そこで私は、自社株買いを行う企業を取引する場合には、自社株買いのタイミングを利用して取引するようにしています。というのも、自社株買いは一時的な株価上昇に過ぎないと考えているからです。

儲けの視点に立つと、過去に企業がいつ自社株買いを行っているのかを調査することが大切です。**過去の傾向から自社株買いが行われると思われる時期の前に株を買い、自社株買いが発表されて株価が高くなったところで売り抜けるのです。**一度どんな企業が自社株買いを行っているのかも調べておくとよいと思います

図04 ▶ 自社株買いは過去の傾向を確認しておこう

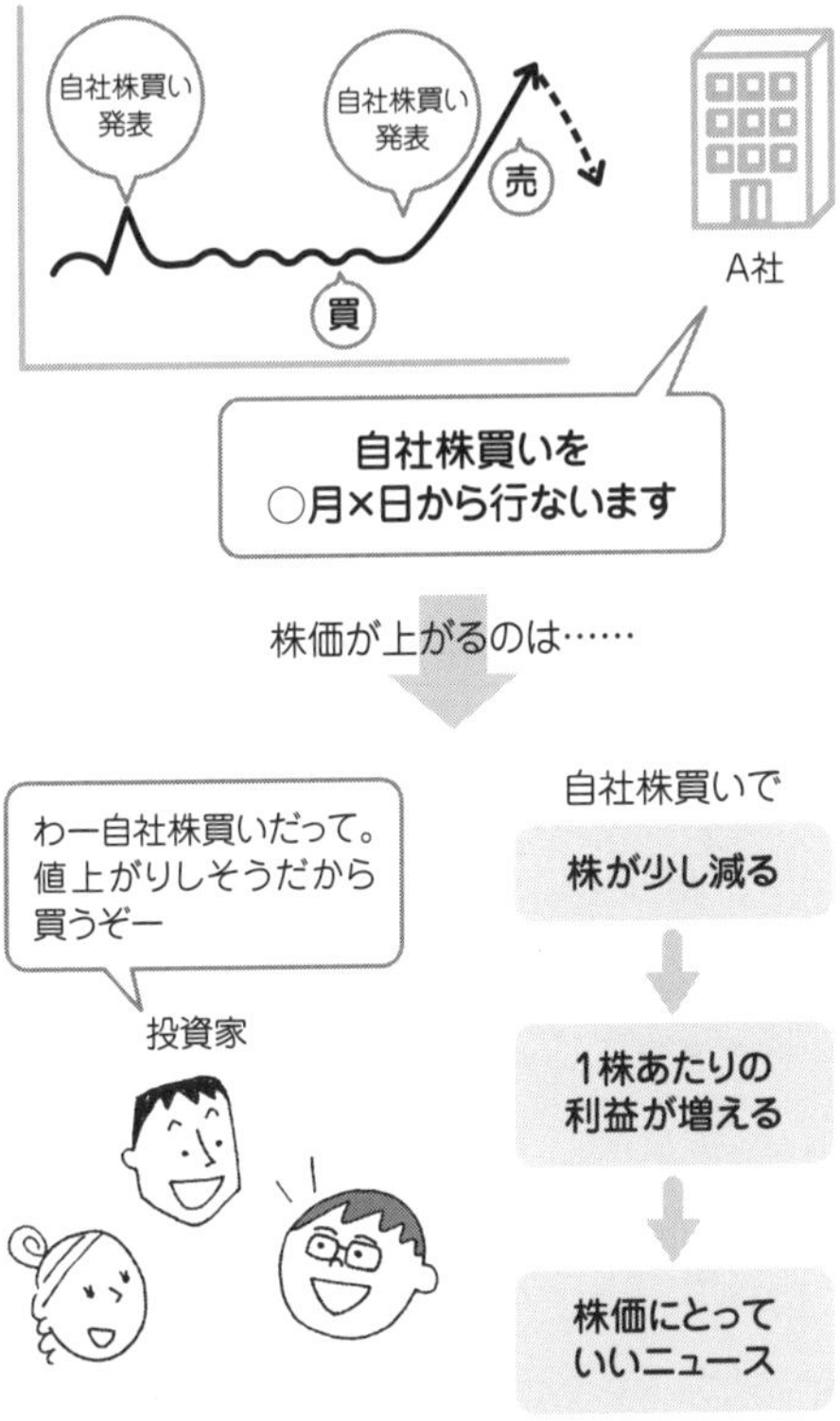
自社株買い
発表
自社株買い
発表
売
買
A社
自社株買いを
○月×日から行ないます
株価が上がるのは……
わー自社株買いだって。
値上がりしそうだから
買うぞー
投資家
自社株買いで
株が少し減る
1株あたりの
利益が増える
株価にとって
いいニュース

POINT

自社株買いを定期的に行なっている企業もある。IR情報などで、過去に自社株買いを行なっているか調べてみるのもよい

第8章

ポイント8
着実に儲けるための、私が実践している心理コントロールはコレ!

01

話題の投資法に流されない！自分流の投資法を確立しよう

デイトレードからスイングトレード、長期投資まで、世の中には様々な投資法があふれています。「デイトレードで1億円儲けた」という投資家が登場するとデイトレードに注目が集まり、「スイングトレードで5000万円儲けた」という投資家が登場するとスイングトレードに注目が集まります。こうした話題の投資法に挑戦してみたいと思うこと自体は、儲けを大きくする上では重要なことです。**私も日々、「どの取引方法が一番儲かるのだろう」といろいろ挑戦しています。**

うまくいかない投資法をやめることも大切

新しい投資法を試してみて、今まで以上に儲かるのであれば何も問題はありません。しかし、新たな投資法を取り入れることで、「以前よりも損をするようになった」「精神的に苦しくてどうもうまくいかない」などと思うのであれば大問題です。私は、デイトレード

図01-1 ▶ 新しい取引にどんどん挑戦しよう!

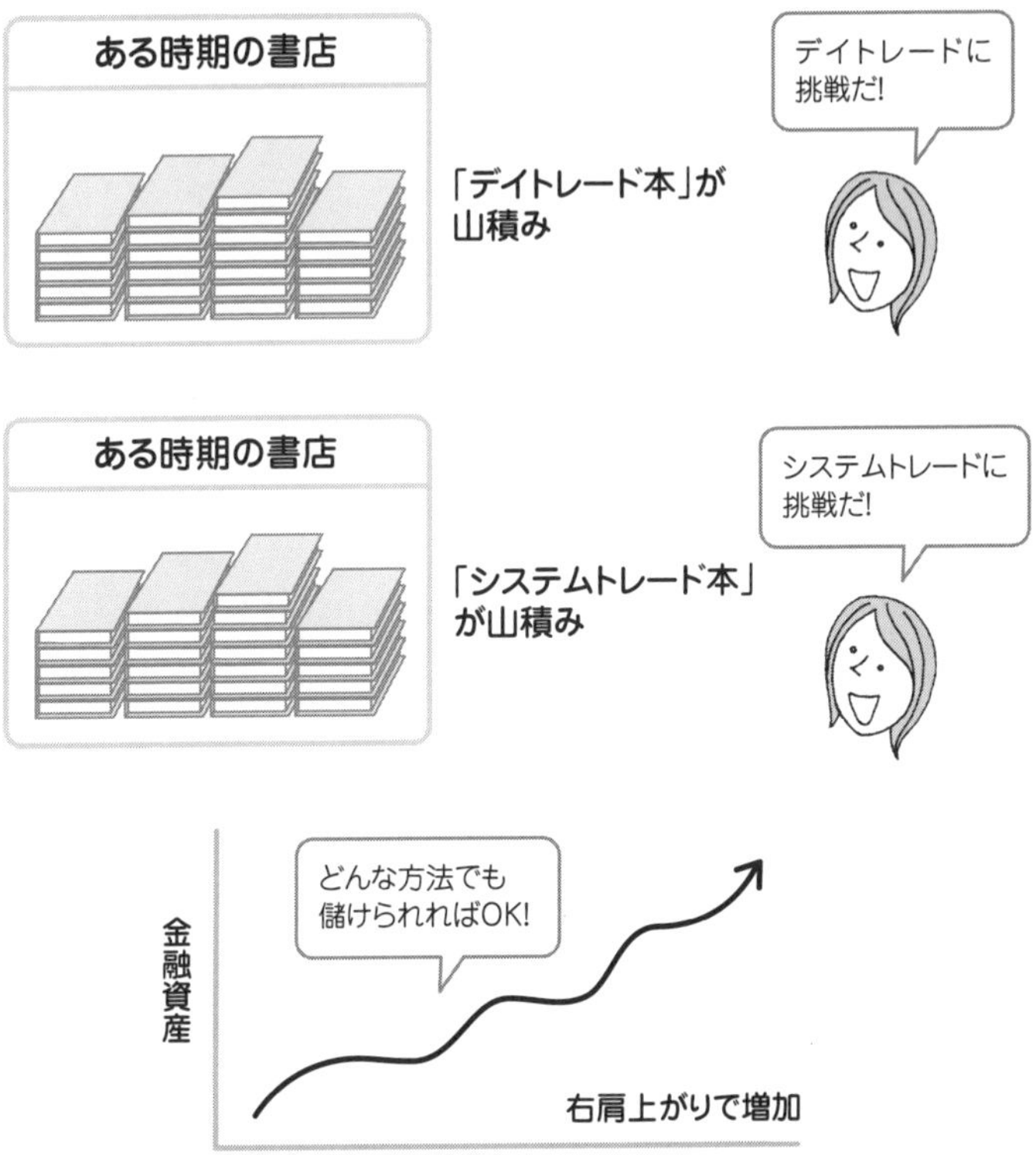
ある時期の書店
「デイトレード本」が山積み
デイトレードに挑戦だ!
ある時期の書店
「システムトレード本」が山積み
システムトレードに挑戦だ!
金融資産
どんな方法でも儲けられればOK!
右肩上がりで増加

POINT

儲けが増えるなら、
どんどん新しいトレードに挑戦してみよう!
経験することで、学ぶことができる

に挑戦した時は手と目が疲れてしまい、そして、システムトレードではシステムに任せられず、結局は取引を見たりしていました。自分に合わない取引をしていると、イライラが募ってしまい、スランプに陥ってしまいかねません。このような事態に陥りそうになった場合には、**他人が儲かっているからといってその投資法に固執するのではなく、その投資法を潔くやめることも必要だと思います**。私は様々な取引方法を試してみて、今はスイングトレードが一番合っているのではないかと思っています。

　私がお会いしたデイトレーダーの方は、「スイングトレードでは損ばかりした」と話していました。また、別のシステムトレーダーの方は、「自分で取引していた時の方が損をしていた」と話していました。人にはそれぞれ自分に合った投資スタイルが合って、その投資スタイルでなければ儲けることは難しいということなのでしょう。

　他人が儲かった投資法だからと言って、必ずしも自分も儲けられる投資法とは限りません。なぜなら、投資期間や銘柄、得たいリターンの大きさなど、株を取引する時に重要視しているものは人それぞれ異なるからです。より儲けるために、新しい投資法に挑戦することは素晴らしいことです。しかし、その投資法が自分に合っていない場合には、スランプに陥る前にその投資法を捨てることも必要でしょう。儲けるためには、自分に合った投資法を見つけることがとても大切なのです。

ポイント8　着実に儲けるための、私が実践している心理コントロールはコレ!

図01-2 ▶ 儲からない取引にこだわらない

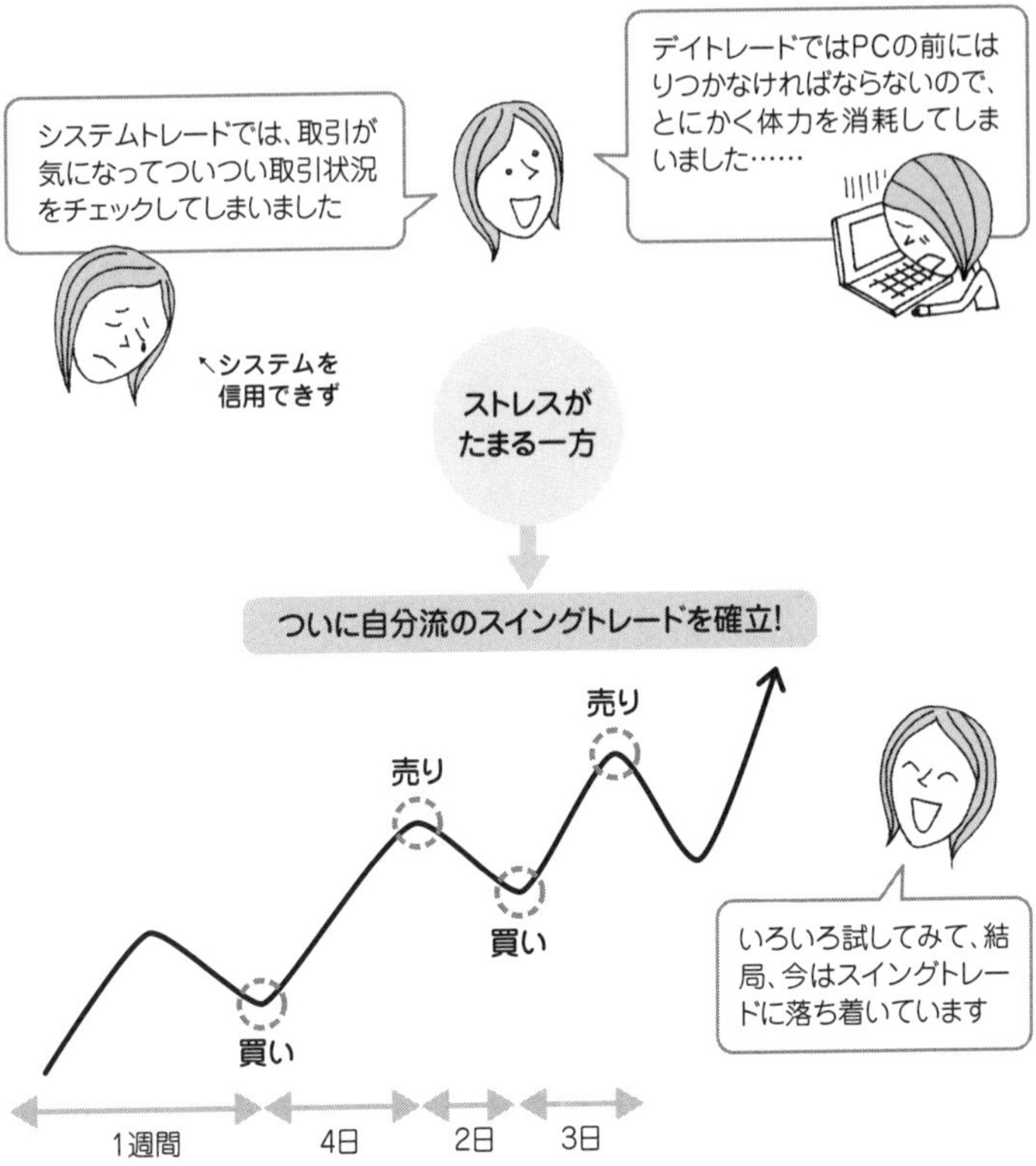
システムトレードでは、取引が気になってついつい取引状況をチェックしてしまいました
↖システムを信用できず
デイトレードではPCの前にはりつかなければならないので、とにかく体力を消耗してしまいました……
ストレスがたまる一方
ついに自分流のスイングトレードを確立!
買い
売り
買い
売り
いろいろ試してみて、結局、今はスイングトレードに落ち着いています
1週間
4日
2日
3日

POINT

自分に合った取引方法をみつけることが、儲けるためには大切

02 株を売らない間は含み益。「もっと上がるかも」という期待は禁物

自分が株を買った後、思惑通り株価が上昇したら誰でもうれしいもので、「明日はもっと上がるかな」「いくらになればこんなに儲かる」などとわくわくします。そして、最初は「いくらぐらいで株を売ろう」などと考えていても、含み益が大きくなるにつれて次第に「株価はもっと上がるだろう」などと思うようになってしまい、ついつい利益確定を先に伸ばしてしまいがちです。

しかし、株価が上昇し続ける株はなく、いずれ必ず天井を迎えるのです。株価が天井を迎えても、天井から多少値下がりしただけならまだ含み益の状態です。ここで潔く株を売ることができれば儲けられるにも関わらず、株を売ることができないことが多くあります。**なぜなら、含み益が一番多かった時のことが頭から離れず、「50円ぐらいならまた株価は上がるだろう」「売った後にまた株価が上がったら嫌だな」などと自分に都合がいいように考えるからです。**しかし、そうした思惑は外れ、株価はさらに下落していきます。

そして、含み益の大半を失った時に「含み益がまだあるうちに売ってしまおう」と考え、

ポイント8　着実に儲けるための、私が実践している心理コントロールはコレ!

図02-1 ▶ 自分に都合よく考えるのは簡単

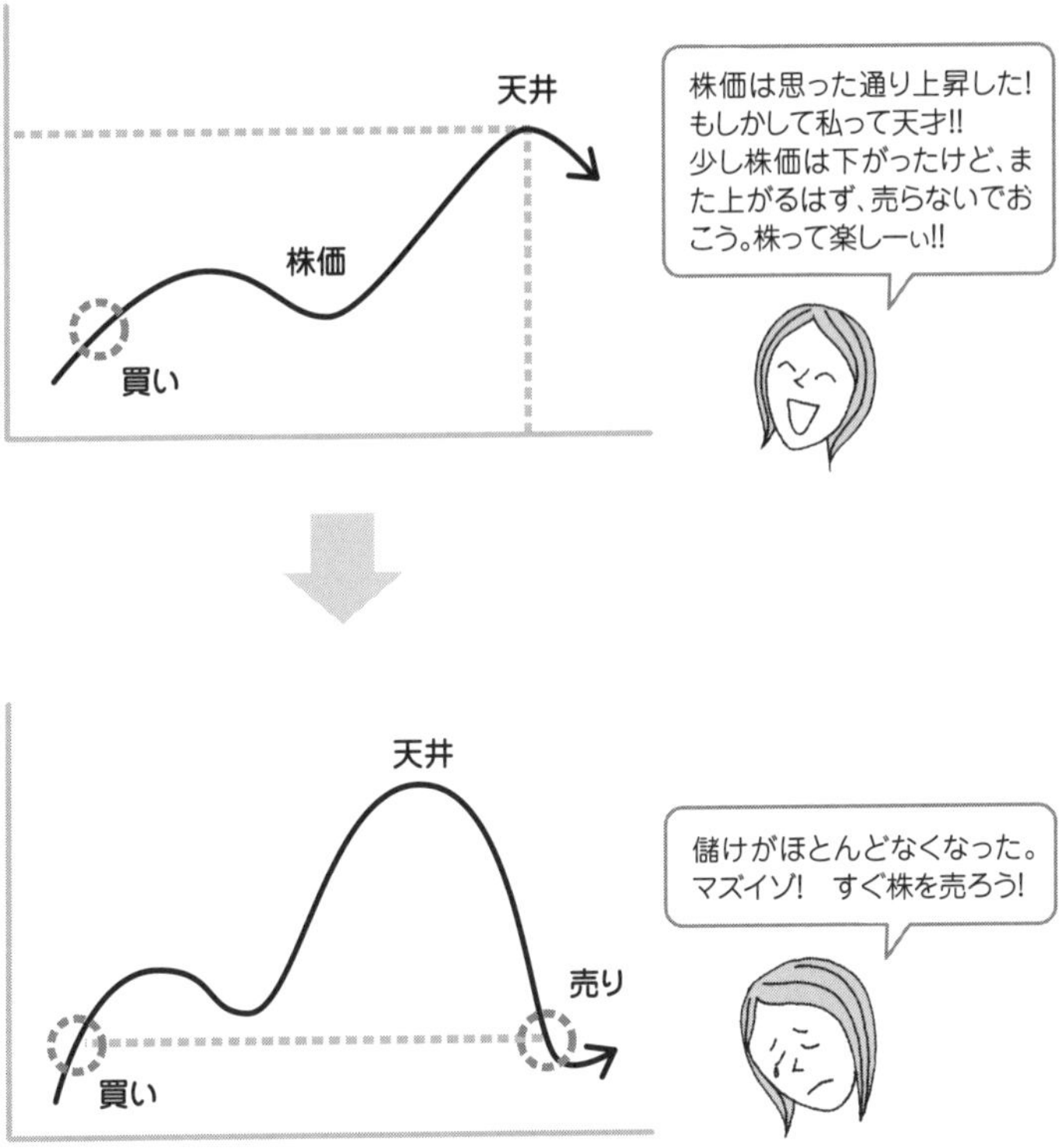
天井
株価
買い
株価は思った通り上昇した! もしかして私って天才!! 少し株価は下がったけど、また上がるはず、売らないでおこう。株って楽しーぃ!!
天井
売り
買い
儲けがほとんどなくなった。マズイゾ!　すぐ株を売ろう!

POINT

自分の都合のいい考えは、判断を鈍らせるだけ、
利益の確保を一番に考えよう

ようやく株を売るのです。

売り時を逃すのは自分が欲に負けたから

株式投資で含み益が生じると、その含み益があたかも自分の儲けと錯覚しがちです。しかし、含み益はいつでも損失に変わってしまいます。そのため、株を売って利益を確定しなければ儲けを手に入れることはできません。

株を買った後、買った時の株価に戻ってくるまで、ずっと含み益の状態です。株を売るチャンスがずっとあったにも関わらず、私たちは自分に都合のいい欲に負け、儲けを得る機会を逃しているのです。しかし、含み益の状態で株を売れるなら、まだマシです。株価が買った時点の株価に戻ることもあるからです。

もし買った時の株価に戻ってしまった場合には、淡い期待は一切捨て、早々に株を売ってしまうべきです。そして、**売り時を逃すほど欲に負けてしまった自分の甘さを反省しなければなりません**。なぜなら、損失に陥ってしまえば、損切りか塩漬けにするしかないからです。含み益は自分の儲けではなく、得られるであろう利益です。いつでも損失に変わってしまうことを忘れずに取引することが大切です。

図02-2 ▶ 自分の欲に負けない!

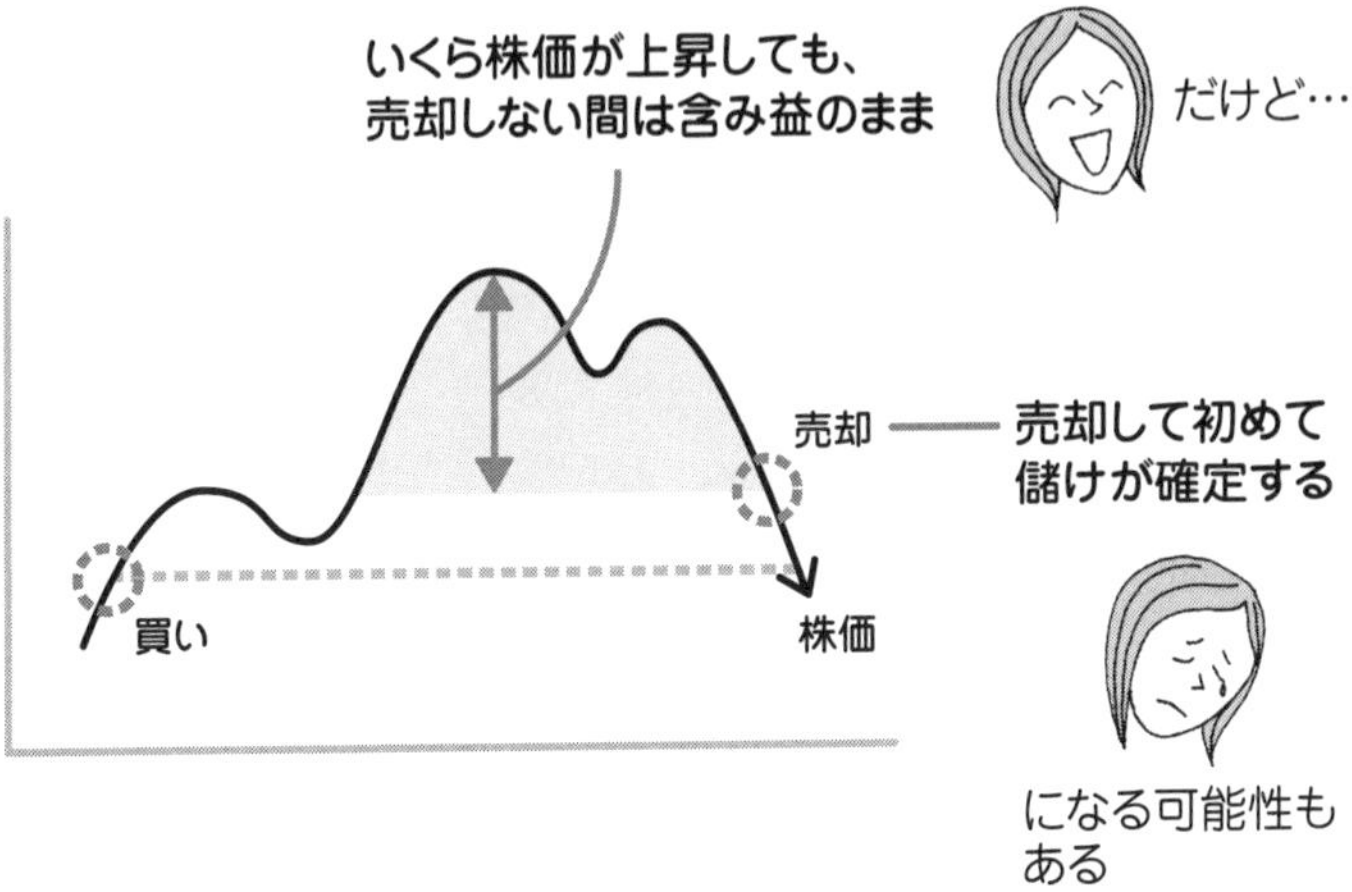
いくら株価が上昇しても、
売却しない間は含み益のまま
だけど…
売却
売却して初めて
儲けが確定する
買い
株価
になる可能性も
ある

POINT

欲に支配されてしまうと、売買の判断が鈍る。
儲けが損失に変わったら、
自分の甘さを見直すことが大事

03 売った株がさらに上昇しても、相手にしない

自分の持っていた株が値上がりして利益が出たら、多くの人は、満足できる儲けでその株を売却してしまうことでしょう。儲けが出たことに満足しているにも関わらず、なぜか株価がその後どう動くのかが気になり、株価の動きを観察するようになります。

自分が売った後、株価が下落すれば「思った通り」と喜ぶわけですが、反対に株価が上昇すると、「売るのが早かった」「本当だったらこれだけ儲かったのに」と株を早く売ったことに後悔します。そして、「まだまだ上がるはず」などと都合のいいように儲かることだけを考えて、再びその株を買うのです。

株価は常に上がったり、下がったりを繰り返して動いています。株価が上昇して利益を手に入れられればいいのですが、株価がすぐに天井をつけて高値掴みとなり、損失を被ることもあり得ます。株価が下がったらまたその株を買えばいいにも関わらず、わざわざ売った時よりもさらに高い価格で買ってしまうのです。

ポイント8　着実に儲けるための、私が実践している心理コントロールはコレ!

図03-1 ▶ 儲かった株にこだわりすぎない!

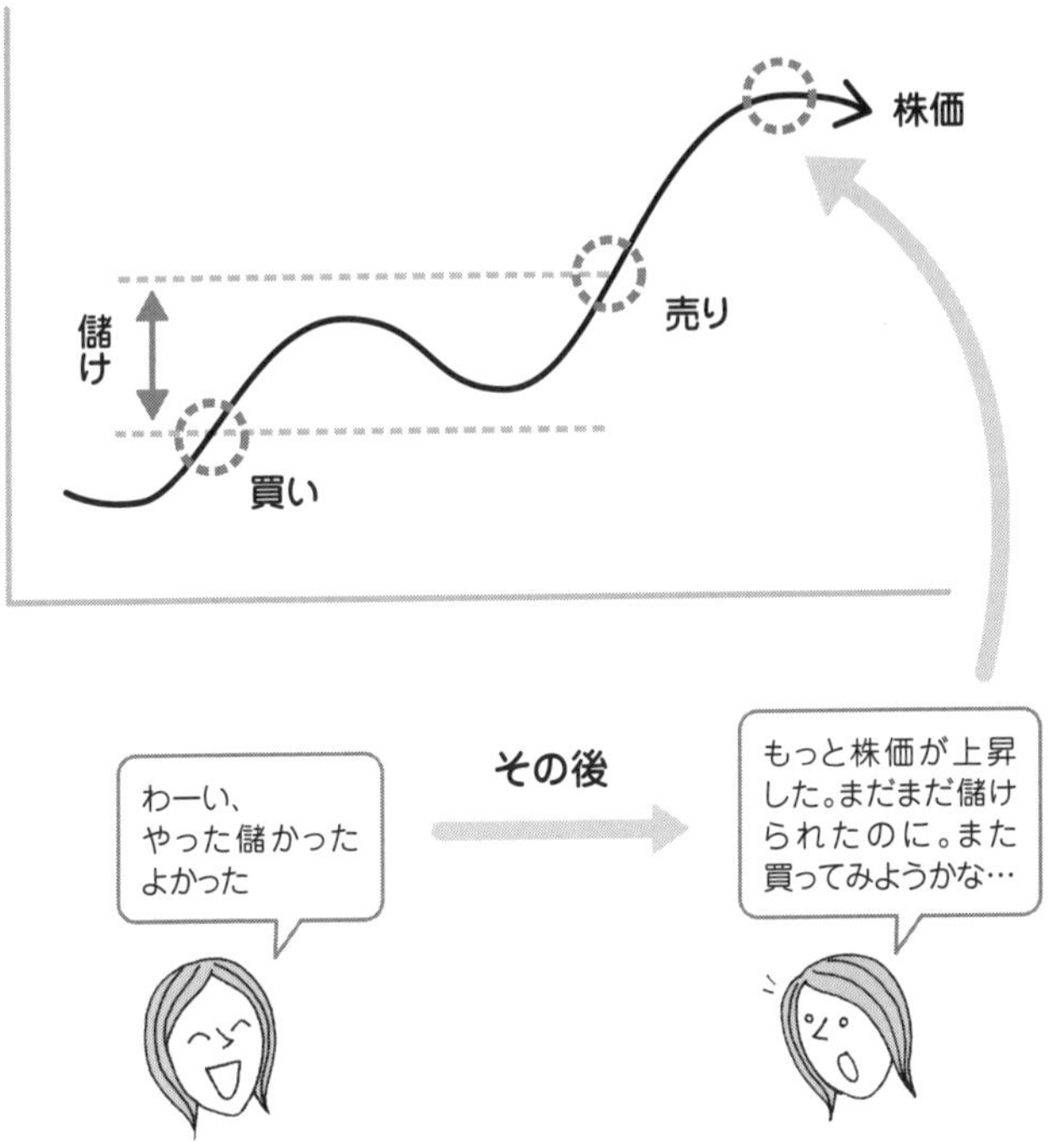
株価
儲け
売り
買い
その後
わーい、
やった儲かった
よかった
もっと株価が上昇
した。まだまだ儲け
られたのに。また
買ってみようかな…

POINT

儲かったことを忘れて、
もっと儲かったはずだと欲張らない。
株価を追いかけるのはほどほどに!

買いたい気持ちをコントロールしよう

人間の心理は不思議にできていて、株価が上がれば株を買いたくなり、株価が下がれば売りたくなるのです。しかし、株式投資では、株価が安い時に株を買って高い時に売らなければ儲からないのです。

株式市場には数千にものぼる銘柄が上場していて、他にもたくさんの銘柄が存在します。すべての銘柄の株価が同じように動いているわけではなく、株価が安い銘柄もあれば、高い銘柄もあります。**株価が買われすぎで高い銘柄を買うよりも、株価が売られすぎの安い銘柄を買えば儲かる確率は高くなるのです。**

それなのに、なぜその株にわざわざこだわる必要があるのでしょうか。「株を買いたい」という気持ちをコントロールすることが、株式投資で着実に儲けるためには必要不可欠なのです。

ポイント8　着実に儲けるための、私が実践している心理コントロールはコレ!

図03-2 ▶ 高いところで買いたい気持ちをコントロールできるようになろう

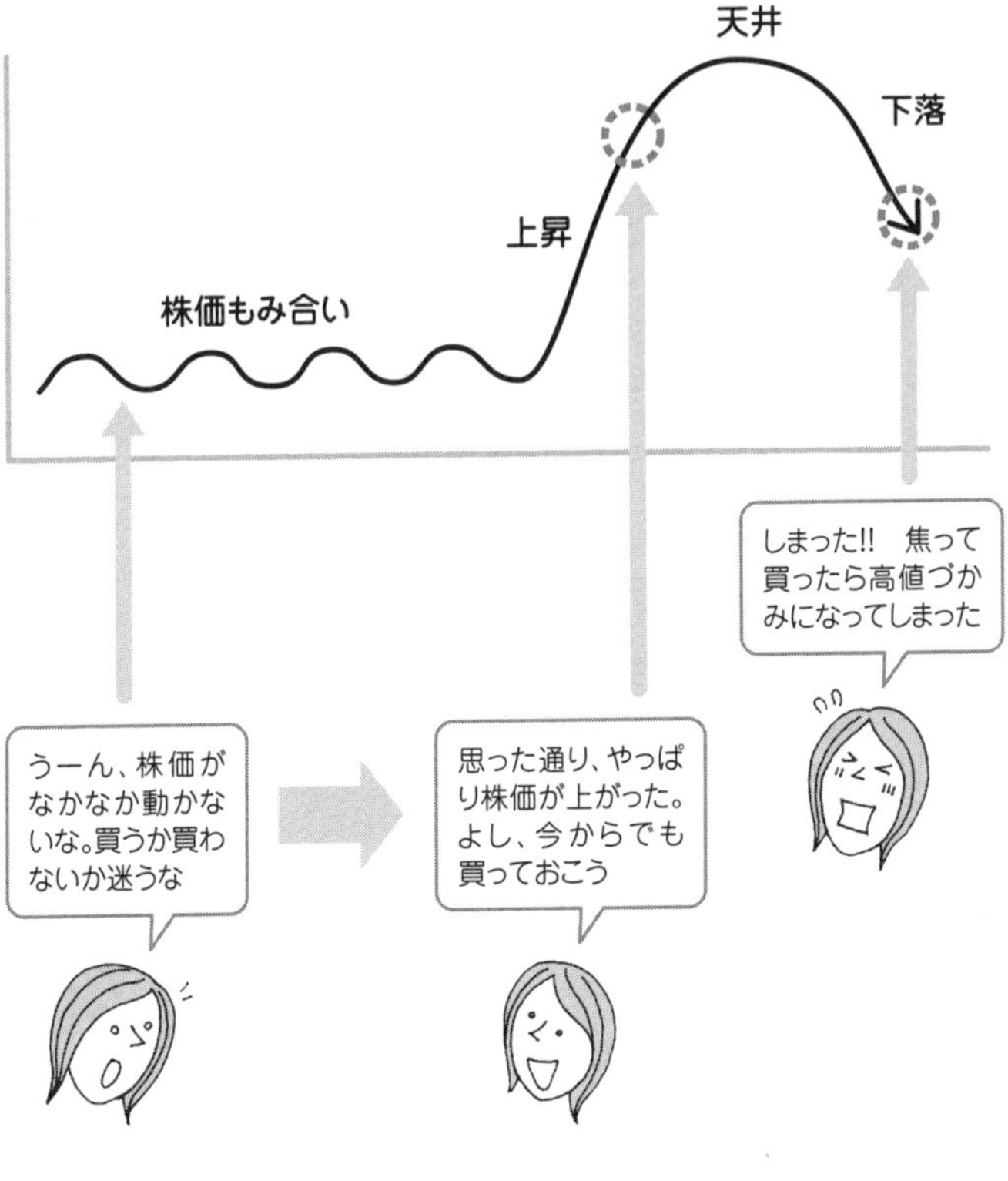
天井
下落
上昇
株価もみ合い
しまった!!　焦って買ったら高値づかみになってしまった
うーん、株価がなかなか動かないな。買うか買わないか迷うな
思った通り、やっぱり株価が上がった。よし、今からでも買っておこう

POINT

一つの銘柄にこだわらずに、
買うチャンスを見極めよう

04 いつも取引する必要はなし。取引しなければ損もしない

買おうと思っていた株がまだ買わないうちに値上がりしてしまったら、「あの時買っておけばよかった。儲け損ねた」と思うことも多いと思います。そして、買い時を逃したことを後悔し、もっと株を取引しようと思うようになります。私も当初は、たくさん株を取引すれば、それだけ儲けられると考え、株価ボードを毎日見て株価の動きを観察し、取引していました。

しかし、株式市場が常に自分の思い通りに動くわけではありません。株を取引する回数が増えれば、儲かる回数も増えますが、当然損をする回数も増えます。損をする回数の方が多ければ、結果的には取引した分だけムダということです。

取引しなければ、儲からない反面、損をすることもありません。**儲けを減らさないためには、損をしそうな時を判断し、損をしそうな時にはあえて取引しないことを選択することも必要**になるのです。

図04 ▶ 取引回数が増えれば儲かるわけではない

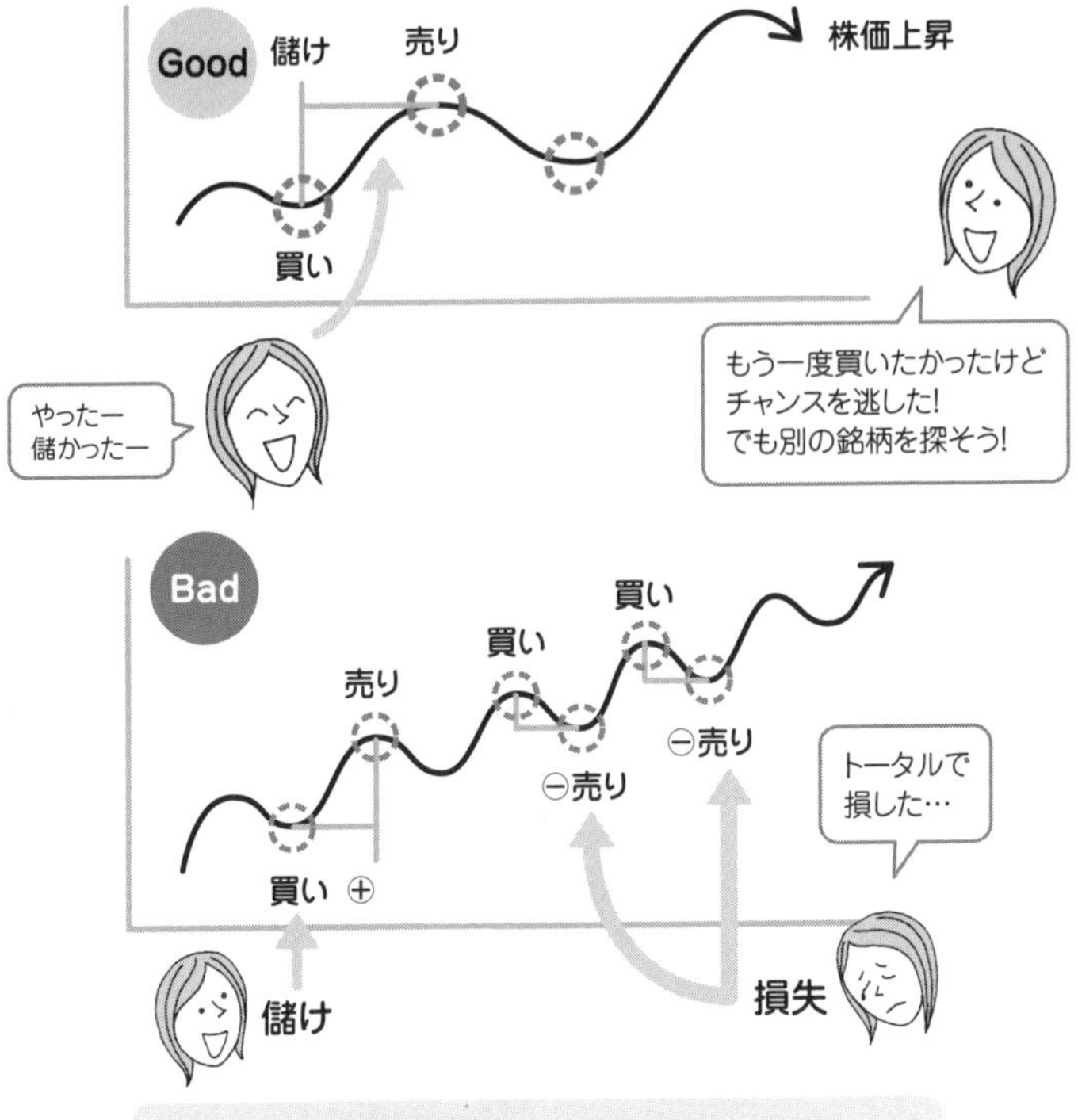
Good
儲け
売り
株価上昇
買い
やったー
儲かったー
もう一度買いたかったけど
チャンスを逃した!
でも別の銘柄を探そう!
Bad
買い
買い
売り
⊖売り
⊖売り
トータルで
損した…
買い ⊕
儲け
損失

取引回数が増えたからといって、
毎回必ず儲かるわけではない

POINT

ムダに取引しても、損失の回数を増やすことになりかねない。
取引しなければ儲かりもしないが、損もしない!

05 株にのめりこむのは禁物！余裕を持って取引しよう

株を始めたばかりの頃は、多くの人が株式投資をとても楽しく感じると思います。しかし、株を取引する頻度が増えるにつれ、儲かるのか、それとも損をするのかが気になって、四六時中株のことばかりを考えるようになっていきます。こうなると、「株価の動きが気になって仕事が手につかない」「株価が明日どう動くのかが心配で夜も眠れない」という風に、株にとりつかれたようになってしまう人もいると思います。

私も、株にとりつかれた一人でした。買った株の行方が気になって、夜中にNY市場の動きをチェックしたり、外出先では携帯電話で取引することもしばしばでした。まさに株漬けで、株価の動きに一喜一憂する毎日だったのです。

冷静に判断するためにも余裕を持って取引しよう

株で儲かるのか、それとも損をするのかは、2分の1の確率でしかありません。そう割

図05-1 ▶ 株にのめりこんだら負けるだけ

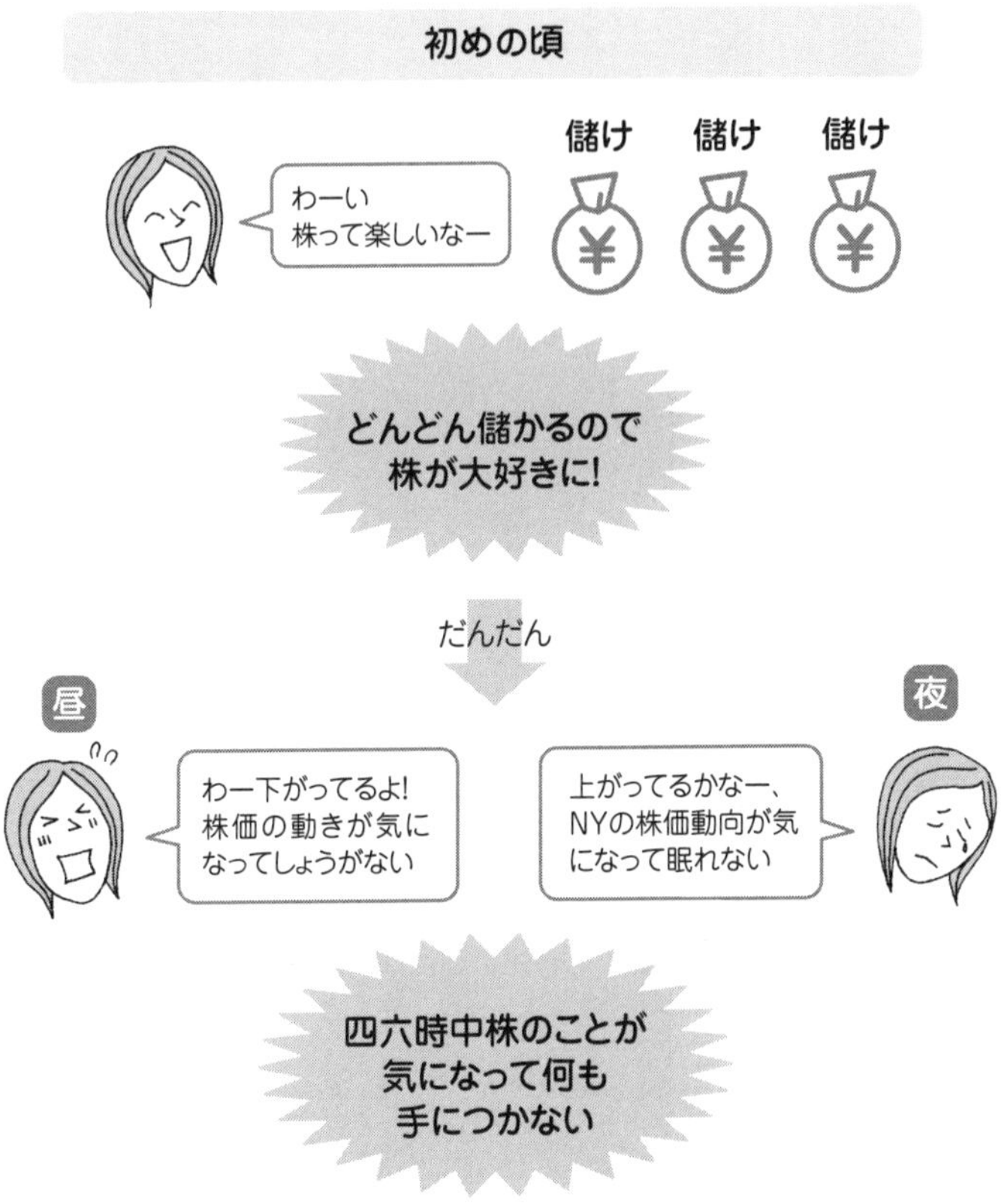
初めの頃
儲け
儲け
儲け
わーい
株って楽しいなー
どんどん儲かるので
株が大好きに!
だんだん
昼
わー下がってるよ!
株価の動きが気に
なってしょうがない
夜
上がってるかなー、
NYの株価動向が気
になって眠れない
四六時中株のことが
気になって何も
手につかない

POINT

株にあまりにのめりこむと、目先の動きに一喜一憂しがちになるので注意!

り切れずに、いつでも気になって仕方ないのは、私の場合、取引に自信がなかったときが多いように思えました。

まず株を購入した時のタイミングの悪さです。もし株を購入するタイミングの判断に自信があれば、株価の動きが気にならないはずです。

また、株を購入する金額が自分の資金力やリスク許容度に対して大きすぎる場合もありました。株式投資につぎこむ資金が自分の許容できる範囲ならば、そのまま株を放置しておいてもいいはずです。ほかにもいろいろな要因が考えられますが、自分が許容できる以上の取引をしているときには、株のことがいつも気になってしまうのではないでしょうか？

このような状態は、株を取引する際に冷静な判断ができなくなっている可能性が高いですから、すぐに見直す必要があります。**自分の取引を常に客観的に判断できるように、余裕を持って取引していくことが大切**です。

図05-2 ▶ 株が気になるには原因がある

①購入タイミングが悪い

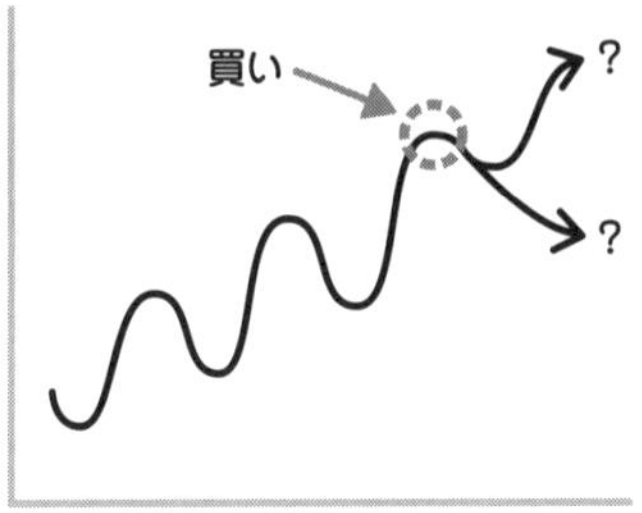
買い
?
?

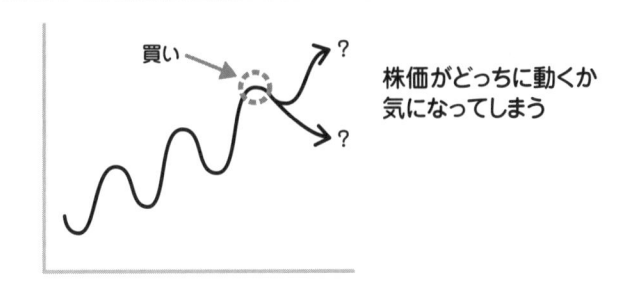

株価がどっちに動くか
気になってしまう

②リスクが大きすぎる

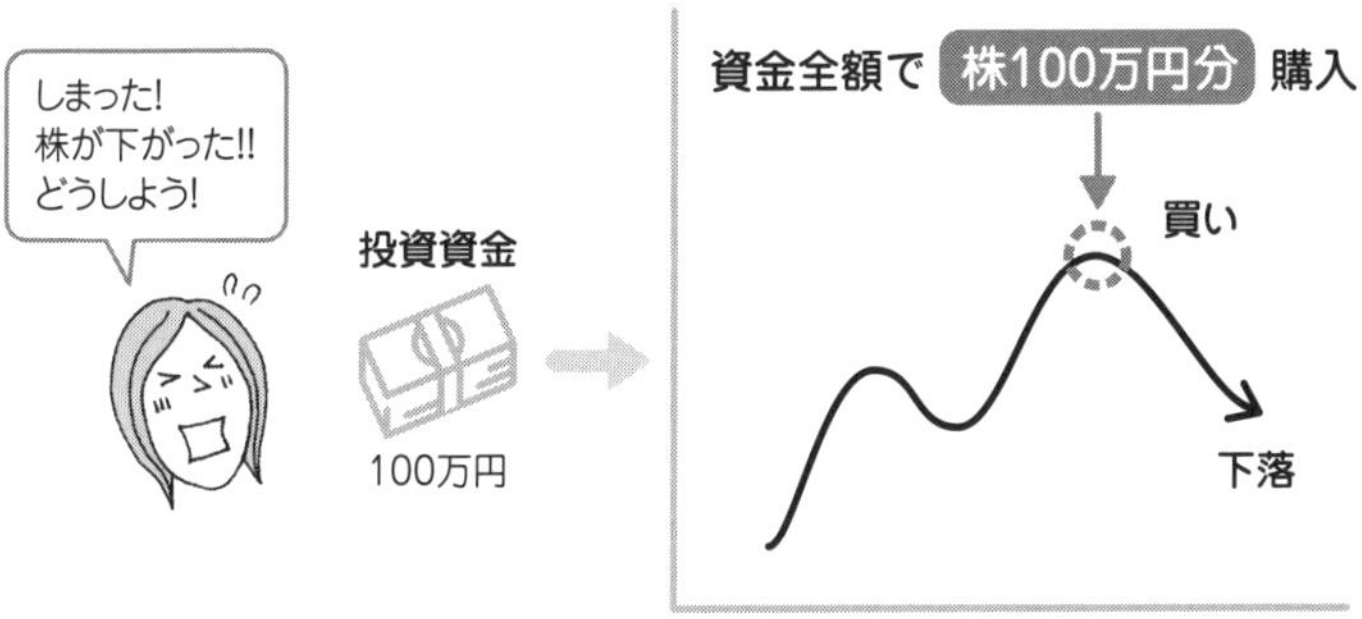
しまった!
株が下がった!!
どうしよう!
投資資金
100万円
資金全額で
株100万円分
購入
買い
下落

POINT

**株のことが気になってしまうのは、必ず原因がある。
どんな原因があるのかを考えてみよう**

06

取引で失敗した原因を明らかにするには反省が必要

皆さんは、株の売買が思うようにいかずに損をした時、落ち込む方ですか？ それともすぐに気持ちを切り替えられる方ですか？ 私は当初、株で損をすることに耐えられず、少しでも損失が発生するとすぐに落ち込み、そして、憂鬱な気分のまま翌日の朝の取引を迎える日々でした。

私にはそれまで、株で損をしたことを認めたくないという気持ちがありました。そのため、「株で損をしたことを他人に話すなんて嫌」という気持ちから、株について話すことはほとんどありませんでした。しかし、ある日、憂鬱な気分をどうしてもすっきりさせたいと思い、家族に株で損をした話をしてみることにしたのです。

同じ過ちを繰り返さないために反省が必要

株の知識がない人に株で損をしたことを理解してもらうためには、自分の取引をわかり

図06-1▶失敗の放置は、次の失敗を作りだす

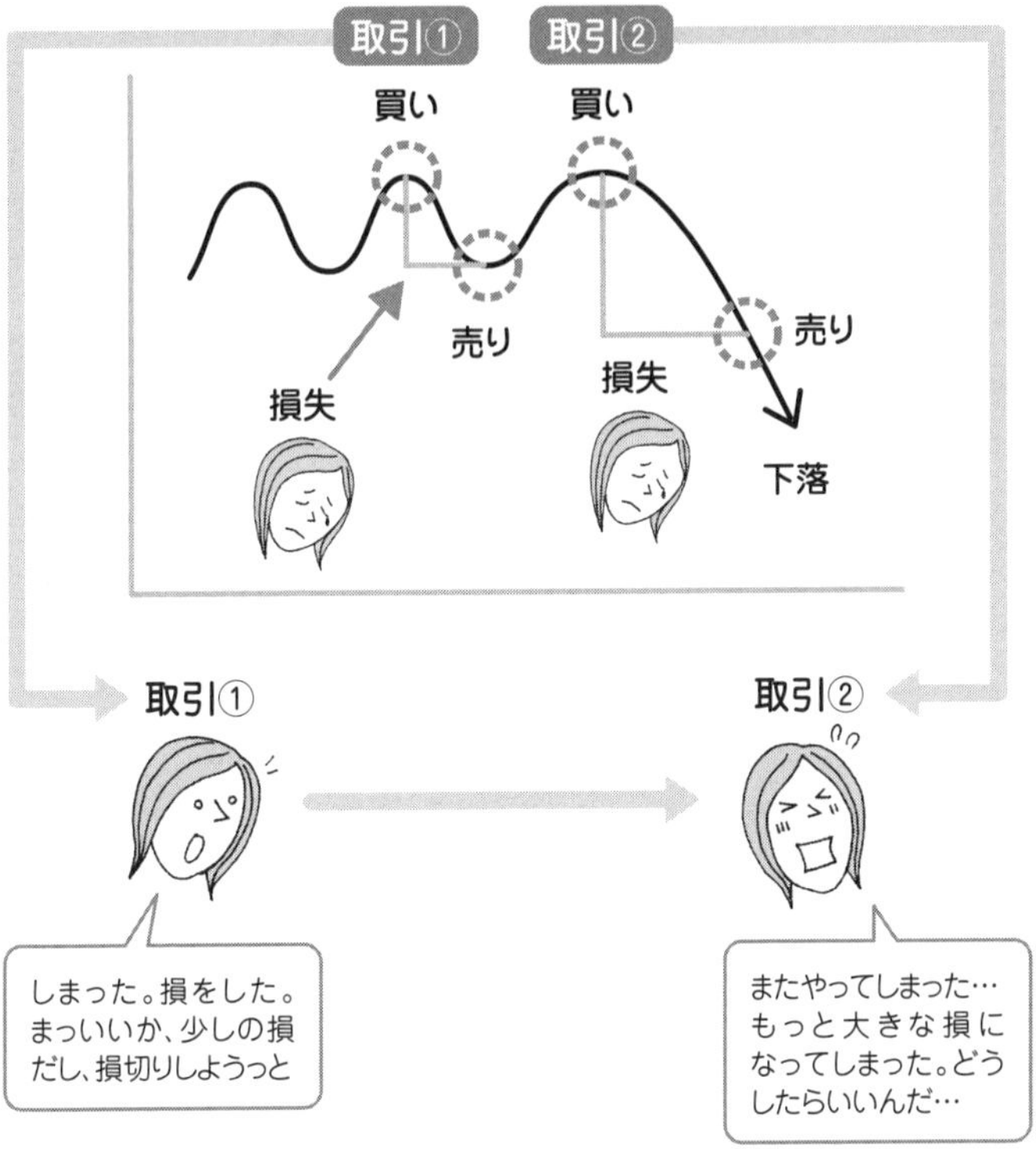
取引①
取引②
買い
買い
売り
売り
損失
損失
下落
取引①
取引②
しまった。損をした。まっいいか、少しの損だし、損切りしようっと
またやってしまった…もっと大きな損になってしまった。どうしたらいいんだ…

POINT

失敗の原因を考えないと、さらなる失敗につながる可能性が高い

やすく話さなければなりません。おかげで、一通り話し終えた時には、私はすっきりとした気分になると同時に、なぜ自分が損をしてしまったのかがなんとなくわかるようになっていました。私はその日以降、**損をした時には原因を知るために、必ず自分の取引を検証するようになりました**。

私は家族に話すという方法を採ったことで、自分がなぜ損をしてしまったのかを把握できるようになりました。しかし、他人という存在が必要なわけではありませんので、自分一人で取引を検証するだけでも構いません。

また、損をしたことに落ち込む場合でも、反対に落ち込まない場合でも、自分の取引を検証することが大切です。なぜなら、精神的な面よりも、損をした取引の何がいけなかったのかを把握することの方が大切だからです。

最初は、間違いを認めることが苦痛かもしれません。しかし、**間違いを認めなければまた同じことを繰り返して、損をしてしまうことになるのです**。それよりも、すぐに間違いを把握して改善し、パフォーマンスの向上につなげた方がよいでしょう。

図06-2 ▶ 失敗を受け止めて、儲けにつなげる

①たとえば人に話してみる

へー
大変だったねー
この前損した
原因は…

②トレード日記をつける

そっかー
あの取引で損した
原因は…
今日の
トレード

POINT

失敗を明らかにすることで、損失の原因を把握できるようになる

［著者］

横山利香（よこやま・りか）

金融系出版社で記者兼編集者を経て、フリーに。その後AFPを取得し、株式投資をはじめ、外貨投資や投資信託、不動産投資など様々な資産運用をテーマに、執筆・取材・講演活動などを行い、現在、All About（http://allabout.co.jp/）の「はじめての投資」ガイドも務めている。執筆、主婦業（一児の母）などの傍ら、自ら株式投資や不動産投資を行っていて、主な著書に『超入門！ネット株ってこんなに簡単なんだ』（主婦と生活社）、『頭金０でマンションの大家になった私の方法』（C&R研究所）などがある。

横山利香のトレード日記【個人ブログ公開中】
http://blog.livedoor.jp/kaburika/?blog_id=2426309

「株」で着実に資産を10倍にふやした私の方法
〜主婦の私にもできた、株でお金をふやす8つのポイント〜

2007年８月23日　第１刷発行

著　者——横山利香
発行所——ダイヤモンド社
〒150-8409　東京都渋谷区神宮前6-12-17
http://www.diamond.co.jp/
電話／03·5778·7236（編集）　03·5778·7240（販売）
装丁————渡邊民人（TYPE FACE）
本文デザイン—中川由紀子（TYPE FACE）
製作進行——ダイヤモンド・グラフィック社
印刷————勇進印刷（本文）・加藤文明社（カバー）
製本————川島製本所
編集担当——木村香代

ISBN 978-4-478-00187-5